万有文化
岂止于书

U0932556

中小卖家做Shopee的赚钱故事

中小电商卖家必读

Shopee实操运营手册，中小电商卖家必读！

王里◎编著

金城出版社
GOLD WALL PRESS
中国·北京

图书在版编目(CIP)数据

中小卖家做Shopee的赚钱故事 / 王里编著. 一 北京:
金城出版社有限公司, 2020.7
ISBN 978-7-5155-2028-5

Ⅰ. ①中… Ⅱ. ①王… Ⅲ. ①电子商务－通俗读物
Ⅳ. ①F713.36-49

中国版本图书馆CIP数据核字(2020)第099930号

中小卖家做Shopee的赚钱故事

作　　者　王　里
责任编辑　王寅生
责任校对　岳　伟
开　　本　880毫米×1230毫米　1/32
印　　张　6.5
字　　数　124千字
版　　次　2020年7月第1版
印　　次　2020年7月第1次印刷
印　　刷　天津盛辉印刷有限公司
书　　号　ISBN 978-7-5155-2028-5
定　　价　59.00 元

出版发行　**金城出版社有限公司**　北京市朝阳区利泽东二路3号　邮编：100102
发 行 部　（010）84254364
编 辑 部　（010）64391966
总 编 室　（010）64228516
网　　址　http://www.jccb.com.cn
电子邮箱　jinchengchuban@163.com
法律顾问　北京市安理律师事务所 18911105819

策划手记

中小电商卖家的新出路

如果你是电商从业者，你有没有发现国内电商越来越难做了？

顾客习惯比价，导致产品定价只能越来越低，利润越来越薄，但运营成本却越来越高；流量越来越贵，甚至付费推广后，引流来的客户也不精准……

种种困难，让已经在做电商的中小卖家举步维艰，也让还没进入电商市场的小白望而却步。

跨境电商，可能是中小电商卖家的出路。

本书作者王里，是一个出身普通、没有任何背景的80后姑娘，却通过做Shopee跨境电商实现人生逆袭。从这本《中小卖家做Shopee的赚钱故事》中，我看到了中小卖家做跨境电商的大机会。很多在国内电商领域赚不到钱的人，可能通过Shopee赚到钱。

本书分为上下篇，上篇主要介绍了 Shopee 的前景和入驻流程等基本信息，就算你是电商小白，你也可以对照流程做；下篇分享了作者王里的学员们做 Shopee 的实例，包括案例和运营思路，帮助中小卖家少走弯路。

如果你是电商卖家，或者想要做电商，不妨认真读读这本书，它可能会带你走进全新的电商世界。

资深出版人，创读会创办人

著有《畅销书浅规则》、《多赚一倍》系列

自序

年轻就要敢拼搏

我不是电商大咖，更不是网红，也没有那么大的影响力。我只是王里，一名以“假一赔十”为理念的电商行业实操者。我从2014年开始进入速卖通平台至今，已有五年的跨境电商经验。

2017年，电商平台Shopee（虾皮网）开始在中国大陆地区招商，我开始转型做Shopee。到现在，Shopee已经成了我的主营业务，我的团队主要分布在杭州和义乌。杭州是运营总部，大约有70名员工，义乌是仓储总部，大约有10名员工。此外在广州，我的十几个人的速卖通电商团队还在运营。

由我们团队运营的Shopee店铺已经发展300多家，涉及各个站点的所有类目，同时我们也在其他国家开设了自己的本地店铺。现在，我们每天的订单量6000单以上，2019年的总销售额接近2亿元，比2018年翻了一倍。

我为什么开始接触跨境电商

我是一个出身普通，没有任何背景的 80 后姑娘，大学学的是视觉传达专业，毕业后直接在老家考进了公务员编制。公务员工作安稳，相对轻松，家里人都觉得挺好。

但我自己却不喜欢这样的生活，每天过得浑浑噩噩，生活平淡无味，让我感到很焦虑，还有恐惧。

我思考着：每天上班除了打杂和阿谀奉承，我学不到真正有用的东西。如果我再工作几年，还是现在的水平，就真的没什么职业市场了。

看着同时毕业的好闺蜜们，自己创业，或者在其他企业上班，现在一个月工资收入都过万元了，我感觉自己心轻飘飘的，充满不安。所以，我决定出去学习。

于是我逼自己走出了第一步：辞职。

2014 年上半年，我辞掉公务员工作后，在一家广告公司就职，工作跟我的专业对口，相对清闲，通常一个月只有 1 ~ 2 次活动策划，一场活动需要 5 ~ 6 天，其他时间在结算物料价格等。

在这期间，我遇到了人生中的第一个贵人，我的同事——“惊呆哥”。

我偶然一次从他的口中听到一个平台“速卖通”，他利用每天下班时间在这个平台上做兼职，赚取额外收入。我在羡慕之余，也让他带着我开始做速卖通。

在这之前，我从没有听说过跨境电商这个概念，别说跨境电商了，就是关于电商，我也只是开过淘宝店。当时《春娇与志明》这部电影上映，我去电影院看的时候，发现电影情节里有个道具——选择板，我觉得这个产品很有趣，而且借助电影的造势，判断它肯定会在淘宝大卖。

看完电影的当天，我就在我的淘宝店上架了这款产品。不出所料，短短几天这款产品就卖了几千单。只是结果不尽人意，由于我经验不够，在产品定制环节没有监工到位，导致最后只成功交易了 300 多个产品，利润也大大减少。开淘宝店这段经历是我最宝贵的回忆。

选择了速卖通平台，下一步是选择货源。我选择的是运动类目，就没有去找其他货源，直接从阿里巴巴和淘宝挑选产品，通过一些简单的广告进行投放和推广。

起初我是抱着尝试心态做跨境电商，白天上班的空闲时间就看一下，没想到真的有人下订单。接到第一单的时候，那种喜悦的心情，我到现在还记忆犹新。那段时间，我过得非常充实，特别有成就感！

从兼职跨境电商到专业学习

家境普通的年轻人，如果想创业，其实阻力非常大。因为大多数家人认为孩子创业是不务正业，他们不但给不了你任何经济上或者精神上的支持，更可怕的是还会反对你，并且不断打击你的创业积极性。无论你说什么，或者做什么，都很难得到他们的认可和支持。

对此我深有体会。

我做速卖通时，虽然每个月能挣到几千元，但也遇到过一些问题，就是资金链断了。虽然平时产品的销量很好，但是我发现出现问题时，我完全没有那么多资金可以垫进去。

当我想向周围人求助，获得周转资金时，由于他们对跨境电商的陌生，并且涉及金钱，并不是每个人都敢于尝试。最后的结果就是我结束了这个兼职。

到 2014 年下半年，我在顺德遇到了我人生中的第二个贵人——我的一位老同学。

她在顺德开了家跨境电商公司，在亚马逊上她做得非常不错，属于亚马逊中等卖家水平，年利润在 2000 ~ 3000 万元之间。于是，我一边给她打工，一边跟她学习做亚马逊、速卖通和 Wish（一个跨境电商平台）。

就这样，我从一个初出茅庐的新手，变成了一个有专业能力的跨境电商运营高层。

独立创业，我走上电商之路

2016 年，因为父母身体的原因，我回到了浙江老家。之后，我重新开始了独立创业。这次创业，我依然选择做跨境电商。

当时的亚马逊、速卖通等跨境电商平台已经发展得比较成熟。以前发货只能通过邮寄，所以丢失邮件等情况是常有的事，而现在物流、ERP（企业资源计划）各方面都发展得很完善了，做起来就会更加轻松稳妥。

创业初始，我选择了速卖通和亚马逊这两个平台。在类目选择上，我依然选择了我熟悉的运动类，还有母婴和纺织类的产品。

我通过数据分析选择产品，利用初期每个产品亏 15 元的亏钱做法，用一个月时间就做出了爆品。

后来我对产品进行提价，而这个产品每天依然能卖 100 多单，当时的日营业额达到了 2 万美金。

2016 年我大概赚了 70 万元，主要收入来源是亚马逊，速卖通的利润相对偏低。

加盟 Shopee

我接触 Shopee 的时间比较早，2017 年就入驻了该平台。我先是在网上看到了这个平台，后来身边也有朋友陆续开始入驻。我偶然了解到 Shopee 正在深圳举行招商活动，就赶过去参加并入驻了。

东南亚及中国台湾地区的市场足够大，而其电子商务才刚起步，占社会零售的比例还很低，仅 1%，而中美地区的占比是 15% 以上。

所以，市场大，潜力也大，和七八年前的淘宝一样，只要你有效地利用自己的资源，避开强大有力的对手，就是一次开发自己小天地的好机会。这就是我入驻 Shopee 的原因。

现在，我已经做这个平台两年多，出了点成绩：从月薪几千元的打工仔变成了公司规模几千万元的小老板；员工也从最开始我和老公两个人，到现在有十余人；从一家店铺到现在拥有三百多家店铺；从每天担心接不到单到现在每天稳定进账。

一开始我们很迷茫，不知道该怎么做，也遇到很多挫折。后来单子慢慢多起来，我们就去借钱，周转资金，但是也很不稳定。一路走来，我们承担着创业的压力和资金的压力，只有自己不断努力，继续坚持，多次尝试。

其实，能把 Shopee 做起来，我个人觉得努力是一回事，同时更是因为遇上了一个好机会，除了努力、坚持，还要看你的灵性。

创业没有看上去那么容易，需要无数个日夜的煎熬和成长去换取。财富也不会轻易地降临到每个人身上，“鸡汤”在努力面前更是不值一提。

与其你浪费时间去羡慕他人的财富，倒不如脚踏实地地付出和坚持，做故事的主人公，而不是观众。

我为什么要写作出版这本书

我写这本书的初衷，源于我认识了蒋晖校长，加入了他的社群“狮友会”。2018 年，我在团队管理上遇到了问题，向蒋校长请教。他在帮我解决问题后，邀请我到他的“猫课”开设一门 Shopee 电商课，因为他觉得这是电商一个很大的机会，会帮助很多本来在电商领域赚不到钱的人，可以通过 Shopee 赚到钱。

所以在 2019 年初，我们合作开设了 Shopee 电商课程，让更多的卖家通过学习了解 Shopee，帮助他们认识并做 Shopee。

现在，我们也和 Shopee 官方达成了深度合作，猫课成了 Shopee 的重点合作伙伴。

而我决定写这本书，是想把我的实操经验通过文字的形式分享给更多读者，希望能够帮助到更多的人。

如果你是一个电商卖家，或者想要做电商，但是苦于没有好的机会，我建议你认真读一下这本书，它会帮你开启一个电商新世界的大门！

同时感谢 Shopee 官方对本书的支持。

CONTENTS 目录

理论篇

第一章 为什么选择 Shopee /002

第二章 新手入驻 Shopee 教程 /011

第三章 新手常见问题 /034

第四章 新手必学的推广营销策略 /083

实战篇

95 后女生从淘宝转型 Shopee，两个月做到月销上万元，利润 50% /134

单人单店铺精细化运营，不到 4 个月成为优选卖家且月入过万元 /137

Shopee 小白如何做到月出 200 单 /142

22 岁男生转型做 Shopee，日出 10 多单，月利润过万元 /146

从拼多多转型到 Shopee，仅用两个月就做到日出 10 单 /150

23 岁小伙做 Shopee 仅一个月就月销过万元 /154

Shopee 新店仅用一个月就月销 80 单，利润率 30% /157

4 个月，一个人，3 家 Shopee 店，月入过万元 /161

从 0 开始做 Shopee，短短两个月开了十几家店并成功组建了团队 /165

精细化运营 Shopee，如何做到日出 40 单，月销十几万元 /170

如何做到两个月开 4 家 Shopee 店，月入 9000+ /174

从淘宝、拼多多转型 Shopee，两个月做到月销过万元 /178

小白如何仅用 3 个月时间做到日销 2 万元 /182

如何做到 Shopee 新店日均 50 单，利润率 40% /185

新手做 Shopee，配合免费活动，首月做到日销 100 多单 /189

理论篇

第一章 为什么选择 Shopee

跨境电商行业的人经常说的一句话就是：选择大于努力，趋势大于技术。顺势而为，就好像顺水行舟，你不需要付出很大的力气，也可以一日千里。

但如果你处于一个竞争激烈的市场环境，你就不得不去研究技术。当这个市场已经开始饱和，甚至开始走下坡路，就算你的技术再厉害，也会越做越累。

选择很重要

纵观现在的电商市场，国内平台如淘宝、天猫和京东等都已趋于饱和，市场基本被龙头卖家垄断，新手想进入这个市场，并混得顺风顺水真的很难。

而其他跨境电商平台如亚马逊、速卖通等也不再是蓝海，想要做得好，一样得花费一番大功夫。在这样的大环境下，中小卖家们该何去何从？

这个时候，选择就显得尤为重要。

Shopee 就是一个很好的选择，因为 Shopee 是内贸卖家出海的第一站。

Shopee 的历程

一、母公司实力雄厚

Shopee 的母公司 Sea，是首家在纽交所上市的东南亚互联网企业，已在东南亚耕耘十年。

二、Shopee 增速惊人

Shopee 上线四年，已经成了东南亚及中国台湾地区领航的电商平台。它覆盖了新加坡、马来西亚、菲律宾、印度尼西亚、泰国、越南及中国台湾地区 7 个市场，2 亿多的 APP 下载量，3000 万的社群媒体粉丝，700 万活跃卖家，8000 多名员工遍布东南亚及中国。

2018 年，Shopee 为东南亚购物类 APP 下载量第一名。

2018年Shopee跨境
总单量较2017年增比
6倍
8倍
10倍
2018年Shopee
总单量较2017年增比
3倍
4.5倍
5倍
580万单
1100万单
超过1200万单

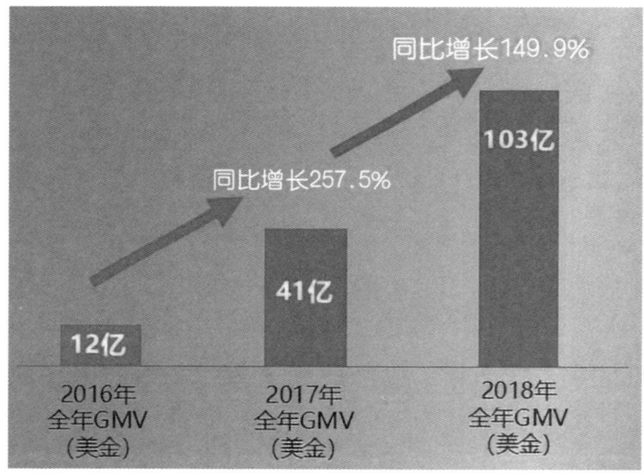
同比增长149.9%
同比增长257.5%
12亿
41亿
103亿
2016年
全年GMV
（美金）
2017年
全年GMV
（美金）
2018年
全年GMV
（美金）

东南亚及中国台湾地区市场的特点

一、市场大，购物需求旺盛

东南亚及中国台湾地区的人口总数近 6 亿，其中，印度尼西亚约有人口 2.6 亿，菲律宾约有人口 1 亿，越南约有人口 9200 万，泰国约有人口 6900 万，新加坡约有人口 560 万，马来西亚约有人口 3200 万，中国台湾地区约有人口 2360 万。

这近 6 亿的人口组成一个庞大的市场，购物需求十分旺盛。随着经济的发展，这个庞大的市场会近一步释放购买力，潜力巨大。

二、人口年轻化，热衷社交媒体与明星网红

东南亚及中国台湾地区有近 6 亿人，其中 30 岁以下人群占 50% 左右，以 00 后为主。

以印度尼西亚举例：全球年轻人口占比最高的市场之一，全国 52% 的人口小于 30 岁。年轻人对社交媒体依赖性高，3 亿东南亚及中国台湾地区用户习惯使用社交软件获取生活第一手资讯。

另外，年轻人热衷追星，网红文化流行，以韩国女子天团 BLACKPINK 为例，视频网站播放量前十均为东南亚及中国台湾地区市场。

2019 年 7 月，在 9 · 9 大促前宣布国际足球巨星 C 罗成为 Shopee 全球代言人。凭借 C 罗的超高人气和流量，刷新了

去年的大促成绩，也由此打通了东南亚及中国台湾地区的男士市场。

三、电商流量主要来自移动端

超过 90% 的东南亚及中国台湾地区互联网用户使用移动端上网；平均每天使用移动端上网时长是欧美的 2 倍，是全球互联网最移动化的地区之一。东南亚及中国台湾地区整体电商流量 72% 来自移动端，并且仍在持续增长；其中印度尼西亚市场的移动端流量占比最高，达到 87%。

四、网购市场增长迅猛，发展空间巨大

预计 2025 年，东南亚及中国台湾地区电商市场规模达 1020 亿美元（2017 年预估 880 亿美元，2018 年上调预测）。

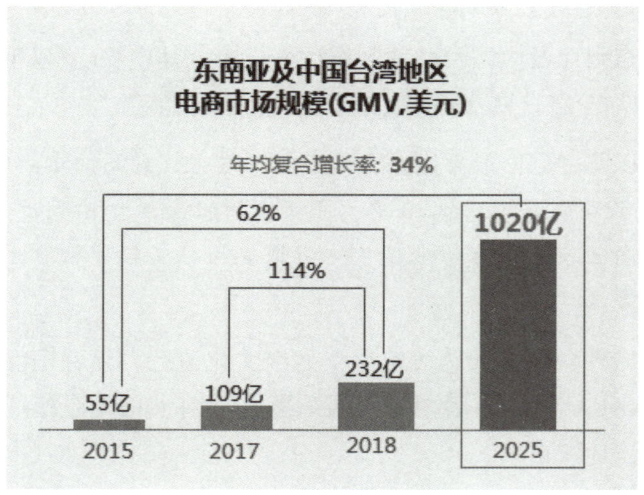

另外，Shopee 现在已经开始全面招募国内电商卖家入驻。无论是从政策，还是从后台的逻辑设计，Shopee 对国内卖家

来说都是很友好的。

从趋势上来说，现在做 Shopee 就相当于你在十年前选择了淘宝。

Shopee 是国内十年前的淘宝

目前主流的四大跨境电商平台是亚马逊、Ebay、速卖通和 Wish，它们的优劣势分析如下。

一、亚马逊（Amazon）

优势：

（1）电子商务的鼻祖，拥有庞大的客户群和流量优势；

（2）具有强大的仓储物流系统和服务，尤其是北美、欧洲和日本地区。卖家只需要负责出售产品，后期的打包、物流和退换货都由亚马逊提供统一的标准服务模式；

（3）通过亚马逊 FBA（Fulfillment by Amazon 的简称，“由亚马逊完成”即由亚马逊仓库提供的代发货业务）配送方式，卖家可以实现各种商品，包括大件商品的销售。

劣势：

（1）对卖家的产品品质要求高；

（2）手续较其他平台略复杂；

（3）市场比较成熟，竞争激烈。

二、Ebay

优势：

（1）Ebay 是四大平台里创立时间最早的平台；

（2）在一些小的类目，例如汽配、摩配、汽车改装件和收藏艺术品类目销量比亚马逊高；

（3）开店门槛比较低。

劣势：

（1）整体流量和买家数量落后于亚马逊；

（2）一般采用 PayPal 付款，具有一定的风险；

（3）开店是免费的，但上架产品需要收钱，包括商品成交费用和刊登费用，费用不低。

三、速卖通

优势：

（1）速卖通是阿里集团旗下的跨境电商平台；

（2）在俄罗斯、乌克兰、东欧和中东一些国家市场占有率排行第一；

（3）有全中文后台操作系统，操作规则和流程、店铺运营方式、广告投放体系和国内淘宝天猫非常相似。

劣势：

（1）入驻门槛高，10000 元人民币保证金；

（2）需要团队化运营和投入大量精力；

（3）一些热门和特殊类目的准入非常严格。

四、Wish

优势：

（1）Wish 是目前最大的移动跨境电商平台，手机 APP 的装机量在多个国家排第一；

（2）后台操作非常简单；

（3）有适合中国卖家的全中文后台操作系统，适合新卖家去做。

劣势：

（1）从 2018 年 10 月 1 日开始，新开 Wish 店铺需要缴纳 2000 美元保证金，这对于新卖家来说，投入成本和门槛大大提高了；

（2）发货时效、有效追踪、妥投率和退款率，各个方面都有严格的要求。

不难发现，这些主流平台大多以欧美市场为主，发展进入稳定期，有一定门槛，且竞争激烈。对于我们没有跨境经验、没有供应链优势和没有太多资金的卖家来说，想在这几大平台“吃肉”可以说是非常难了。

而 Shopee 相对于这几个平台来说，却给了我们不少的机会。正如上文所述，东南亚及中国台湾地区市场覆盖了 6 亿人口，以年轻人为主，具有较强的购买需求。同时由于其地理原因，本身不能提供丰富的品类，就给了我们充足的机会。

国内的电商已经发展数十年，制造业也十分发达，我们可以在互联网上找到全国各地性价比超高的供应商和产品。这个时候，国内卖家做 Shopee 就集齐了天时、地利、人和。

在“世界华人最多的国家排行榜”上，印度尼西亚、泰国和马来西亚占据了前三位。凭借着优越的地理和政策优势，跨境电商的大潮开始涌向东南亚。

东南亚极具潜力，相对贫瘠的物质条件难以满足日益增长的人民生活需求。他们需要更丰富、更高层次的产品，于是把目标投向了“海外购物”，加上商品信息不对称，让早期进入东南亚电商市场的卖家们吃了一波“红利”。

现在选择做 Shopee 的卖家相当于十年前选择做淘宝的第一批人。如果给你一个回到十年前的机会，你会做些什么?

十年前的淘宝，只要肯吃苦就有收获。未来跨境卖家想要在国外市场分一杯羹，最大的必争之地就是东南亚市场。

而东南亚电商平台正在不断地增加，作为内贸卖家出海的第一站——Shopee，其风口和机遇无疑就像十年前在中国内地悄然崛起的淘宝。

第二章 新手入驻 Shopee 教程

Shopee 卖家注册及入驻流程

Shopee 是国外的跨境电商平台，和国内电商平台开店步骤略有不同。以下是 Shopee 卖家注册及入驻的流程。

一、Shopee 开店需要准备的资料

Shopee 开店需要准备四种资料：营业执照、法人代表身份证、其他电商平台流水和联系方式。

1. 营业执照

营业执照既可以是公司营业执照，也可以是个体工商户营业执照。

营业执照仅仅在入驻的时候使用，后期运营和执照几乎没有关系。不管是用公司营业执照，还是用个体工商户营业执照，申请下来的店铺都一样，没有区别。

在开店成功之后，我不建议注销营业执照。虽然营业执照仅仅在开店认证时用到，但是后期 Shopee 可能会复查，所以还是保留比较好。

2. 法人代表身份证

法人代表身份证，就是店铺使用的营业执照上面的法定代表人的身份证。如果你的营业执照是借朋友的，那么一定要让朋友提供自己手持身份证的小视频，以防审核流程需要使用到。

3. 电商流水

Shopee 把电商流水区分为两种，一种是国内的电商流水，例如经常使用的淘宝、京东、拼多多、阿里巴巴和苏宁等。

国内电商流水不包含微信等社交电商和抖音等电商平台流水，因为 Shopee 无法验证这类流水的真实性。

另外一种是跨境电商流水，例如亚马逊、速卖通和 Wish 等常见的跨境电商平台。

Shopee 对电商流水有一定的要求，流水必须是最近三个月的。如果你在 12 月的时候申请开店，那么你就需要提供 9 月、10 月和 11 月这三个月的电商流水，对流水金额没有硬性要求。

Shopee 要求提供流水的店铺 SPU(Standard Product Unit，标准产品单元）必须大于 50，否则可能会审核通不过。

流水以截图形式上交。

以淘宝为例：进入生意参谋，点击交易之后，可以看到交易概况。

注意：一定要标明明确的月份和店铺名称。

4. 联系方式

在申请 Shopee 时，我们需要提供两个联系方式：一个是手机号，另一个是 QQ 邮箱。

注意：我们开店所用的资料具有唯一性，也就是任何一个资料只能用一次，后期无法修改。所以，你在提交之前要保证自己的资料准确无误，同时也符合 Shopee 的开店要求。

二、Shopee 的入驻方式

国内卖家入驻 Shopee 的方式有以下几种：

（1）卖家可以通过官网申请入驻。登录官网 http://Shopee.cn，点击“立即入驻”，进行线上申请。卖家将申请材料准备齐全，直接发送邮件到 Shopee 的官方邮箱 crossbordar-cn@Shopeemobile.com 进行申请。线上申请审核周期较长，大概需要一个月。

（2）卖家可以通过 Shopee 的官方公众号 ShopeeCB 申请。

（3）Shopee 会在国内举办招商会，卖家可以现场与招商经理申请。

三、Shopee 的入驻流程

（1）提交入驻申请。

（2）接收并审核信息。如果卖家的店铺通过审核，将会有招商经理与卖家联系。

（3）填写上新表。卖家需要根据要求填写批量上新的产品表格。

（4）对接物流与支付方式。根据Shopee各个站点的规则，对接相应的物流和支付方式。

（5）准备店装。卖家提前准备店铺装修的文字和图片等。

（6）开通 Shopee 卖家账户。联系 Shopee 工作人员开通账户。

注意：Shopee 是通过 Payoneer、PingPong 以及 LianLian Pay 这三个跨境支付平台账户进行结算返款的。如果没有开通过这三个跨境支付平台的账户，需要自行开通。

如果已开通 Payoneer 或 PingPong 或 LianLian Pay 账户，在 Shopee 各个站点开通店铺后，需要进入后台卖家中心操作绑定。

Shopee 打款周期为每个月两次，分别是 1 ~ 15 日和 15 ~ 31 日之间的任意时间，没有固定日期。

打款金额是以打款日期前 2 周内已完成的订单为准，而结算的货币种类除了新加坡站点用新币结算，越南站点用越南盾结算外，其他站点均使用美元结算。

四、入驻 Shopee 的常见问题

1. 选择哪个站点

Shopee 和亚马逊都是采用分站模式。

Shopee 有新加坡、马来西亚、菲律宾、印度尼西亚、泰国、越南及中国台湾地区 7 个站点，各个站点是分开的。

（1）营业执照为个体工商户的店铺只可以用国内流水开

中国台湾地区站点；

（2）公司的营业执照 + 国内电商流水，只可以开中国台湾地区站点；

（3）公司的营业执照 + 跨境流水只可以开马来西亚站点。

我们建议首站开中国台湾地区站点，为什么？

首先，Shopee 在中国台湾地区的下载量特别高，占中国台湾地区人口近 7 成。其次，Shopee 在中国台湾地区站点上整体的网页排版风格、商品风格、标题描述以及图片样式等和淘宝非常相似。最后，在语言方面，只需要将简体字转换成繁体字，相对其他站点，难度大大降低。

所以，如果你运营过淘宝店铺，并且有成熟的运营经验，那么 Shopee 中国台湾地区站就是你的最佳选择。

当然，如果你之前是做跨境电商，那么也可以选择入驻马来西亚站点。

2. 一套注册资料最多可以开几家店

Shopee 拥有 7 个站点，这就意味着一套注册资料可以开 7 家店。

首站累计出 5 单时，你可以找客户经理申请开下一个站点；第二个站点累计出 20 单时，就可以申请开下一个站点；往后每个站点累计出 20 单，就可以申请开下一个站点。

所以，只要出单数量足够，就可以多开店铺。

3. 入驻时需要避免的几种情况

对于新手卖家来说，一定要注意以下几种情况：

（1）资料的唯一性：开店资料（QQ 账号、手机、邮箱、地址、营业执照、身份证和店铺流水等）只能用一次。比如你的 QQ 账户在申请第一家店的时候使用过，那么在 Shopee 就不可以再使用了，其他资料同理。

（2）避免关联：申请表关联（直接在同一个系统上提交两套资料会关联在一起，可能会被查封）；开店关联 IP（同个 IP 关联多家营业执照，好比淘宝重复开店）。

（3）租借营业执照等资料时要避免被骗：有些卖家由于没有营业执照，或者没有店铺流水，不得不借用朋友的营业执照。这个时候一定要注意审核你租借的资料是否真实可靠，比如账户流水一定要确定日期是否是近 3 个月的，或者避免朋友把资料同时借给其他人使用。

Shopee 的开店费用及盈利模式

1.Shopee 的开店费用

国内的电商平台，无论是淘宝，还是京东，开店都需要缴纳一定的费用。比如淘宝保证金，至少需要 2000 元，而京东的费用更高，动则上万元，甚至几万元的保证金。再加上平台使用费，高昂的开店费用让很多想开店的卖家望而却步。

Shopee 不需要过多的资金投入，就可以实现开店的愿望。目前 Shopee 的入驻政策对中国大陆卖家很友好，零保证金、零平台使用费、零年费，从申请入驻到成功开店，可以实现免费开店。

2.Shopee 的盈利模式

Shopee 会从我们交易成功的订单中收取 5% ~ 6% 的交易佣金，以及 2% 的交易手续费。佣金是按照订单买家拍下产品的实际金额收取的，手续费是根据成交总金额收取的。

例如买家 A 在你的店铺下单，成交总金额为 800 台币（1 人民币约为 4 台币），其中订单金额为 740 台币，运费 60 台币。那么，你需要缴纳的佣金就是 740×6%=44.4 台币，手续费是 800×2%=16 台币。

Shopee 为了吸引大陆卖家入驻开店，给新入驻的卖家提供了 3 个月孵化期。在孵化期内，免收取佣金，卖家只需要付 2% 的手续费。

注意：如果选择网上代开店，对方告知要收取保证金，千万不可轻信，对方很有可能是骗子。因为目前 Shopee 入驻是完全免费的。

虽然 Shopee 开店完全免费，但是开店运营需要一定资金。例如我们现在主要做的是一件代发模式，当买家从你这下单后，你需要自己垫钱去供应商那里下单，然后才能发货给买家。在买家确认收货后，你才能拿到货款，因此需要有一定的流动资金。

Shopee 的物流问题

跨境电商让许多卖家最担心的就是物流问题，毕竟是跨境交易，物流是一个很大的难题。

为了解决这一难题，Shopee 在大陆自建物流渠道 SLS（Shopee Logistics Service），卖家只需将订单发到对应的中转仓即可。

SLS 在大陆共有 4 个仓库，分别位于深圳、上海、义乌和泉州，卖家可选择离货源地最近的仓库进行交易。

SLS仓库收件地址及联系方式			
物流渠道	仓库位置	收件地址	联系方式
SLS	深圳	深圳市宝安区石岩街道塘头第三工业区8栋1楼	Shopee/李灿 电话0755-21537059
	上海	上海市宝山区共悦路419号	蒋支庆/18964673831 4008-206-207
	义乌	义乌市北苑街道秋实路189号侧门	杜祥桂/1832160264 0759-85699306
	泉州	福建省泉州市晋江市磁灶镇锦城路224号	屈先生/13055280811

注：针对卖家自送件或使用货拉拉、快递到仓件，SLS深圳仓收件时间为9：00～20:30；SLS上海和义乌仓收货时间为全天；SLS泉州仓收货时间为8:00～隔天5:00

此外，Shopee 的国际运费有对应补贴，而且藏价后的最终运费全部由买家承担，卖家无须担心物流和运费贵的问题。

为了便于大家理解，我们以中国台湾地区站点为例，介绍一下发货流程。

1. 出单后如何把货发到中国台湾地区

下图是一笔订单的正常发货流程：

大致流程与淘宝、京东等平台并无差别，只是多了一个货代的渠道。

那么，什么是货代?

货代就是将货物集中打包，再运到中转仓库的一个中介;在自己有仓库的情况下，卖家也可以直接打包发到中转仓。

这个过程，我们总共用到两个物流渠道:

（1）国内物流——供应商发给货代;

（2）国际物流——中转仓发给客户。

2.Shopee 有哪些物流渠道

Shopee 的物流渠道分为店配、宅配和顺丰，但是顺丰的价格相对较高。

（1）店配：直接寄到客户家附近的便利店，客户自取。

最大重量：5kg

尺寸限制：45cm × 30cm × 30cm

中国台湾地区的大部分买家都会选择这个方式，因为价格比较便宜，而且方便。

（2）宅配：直接送到客户手中。

最大重量：20kg

尺寸限制：三边合计长度 <150cm

对于大件货物一般采用这种方式寄送，这种方式相对店配比较少用，因为运费较贵。

3.Shopee 中国台湾地区站点运费怎么算

以下是 SLS 物流运费收费清单：

SLS物流时效与卖家参考费率（NTD新台币）						
货物类型	物流类型	费率				时效
		首重/kg	首重价格	续重单位/kg	每续重单位价格	
普货	宅配	0.5	85	0.5	30	4～8天
	店配		75		30	
特货	宅配		105		40	
	店配		95		40	

卖家可以对照这个表格来计算自己的运费。

4. 如何判断产品是普货还是特货

首先，我们需要了解普货和特货的概念（仅限中国台湾地区站点）：

普货：即不含有品牌、粉末、液体、食品、药品、电池等航空禁运的产品。

特货：即危险货物、大件货物、贵重货物和鲜活货物等需要采取特殊条件、设备和手段进行国际运输的货物。

为什么我们要重视这一点?

（1）因为普货和特货是通过系统识别的，需要由卖家承担运费。如果类目放置不准确，可能会将普货识别为特货。

普货和特货的运费价格不一样，特货相比普货运费高一些。虽然一单的物流费用不多，但是日积月累下来，以及在订单量大的时候，也是一笔不小的支出。

（2）我们能不能将特货设置成普货？

这属于违规操作。一旦被发现，店铺的宝贝就会被下架，并且扣掉店铺信誉分。所以千万不要乱放类目，一定要放置准确。

要注意的是，比如美妆产品中，口红属于特货，而化妆刷、睫毛夹等属于普货。如果两者一起发，整笔订单就会被视为特货。

5. 运费是不是都由卖家支付

一笔订单的总运费 = 买家支付运费 + 卖家支付运费

买家承担的运费是固定的，即店配60台币，宅配70台币，而超重的部分的运费由卖家承担，即首重15台币 + 续重运费。

例一：买家购买了一个重量为0.1kg的A商品，卖家和买家各需承担多少运费？

(1) 店配普货：买家60台币，卖家15台币，首重15台币；

(2) 店配特货：买家60台币，卖家35台币，首重35台币；

(3) 宅配普货：买家70台币，卖家15台币，首重15台币；

(4) 宅配特货：买家70台币，卖家35台币，首重35台币。

例二：买家购买了一个重量为0.6kg的B商品，买家和卖家需要各承担多少运费？

(1) 店配普货：买家60台币，卖家45台币，首重15台币 + 续重30台币；

（2）店配特货：买家 60 台币，卖家 75 台币，首重 35 台币 + 续重 40 台币；

（3）宅配普货：买家 70 台币，卖家 45 台币，首重 15 台币 + 续重 30 台币；

（4）宅配特货：买家 70 台币，卖家 75 台币，首重 35 台币 + 续重 40 台币。

另外，卖家承担的运费是藏在售价中的，和淘宝类似。

6.Shopee 中国台湾地区站点的禁运政策

跨境电商并不是所有产品都可以卖，所以我们需要提前了解平台的禁运规则。

不确定自己的产品是否能出售，怎么办？

我们可以在 Shopee 前台搜索自己想出售的产品。如果销量少，出售的店铺也极少，那么你就要考虑换一种类目。

不懂英语、小语种能做 Shopee 吗

大部分卖家认为不懂英语，不懂当地语言是没办法做跨境电商的，比如速卖通等平台的后台是全英文，根本不懂怎么操作。

针对这个问题，Shopee 对我国卖家的系统进行优化，让大陆卖家更容易操作。

Shopee 中文版本系统的特点

1. 中文的后台操作

Shopee 的后台操作，无论是中国台湾地区站点，还是其他 6 个站点，都和国内的淘宝、京东类似，简单易行。更重要的是这 7 个站点的后台可以设置为中文版，避免了因语言差异而看不懂后台的问题。

（Shopee 马来西亚站点中文后台）

2. 提供一键翻译功能

优化了后台的语言版本后，为中国卖家提供了便利。但是，前台商品展示需要翻译成当地的语言，而卖家语言不通时该怎么办？

Shopee 已经提供了解决方案，我们只需要通过第三方的 ERP（Enterprise Resource Planning，企业资源计划）软件进行中文产品编辑，一键翻译成英文，再直接上传 Shopee 即可。

如上图所示，我们通过 ERP 软件编辑了一款产品，只需要通过一键翻译功能就能秒变英文。之后，我们直接发布到泰国站点，Shopee 系统会自动把英文详情翻译成泰文。

产品图片上的文字卖点，我们可以通过谷歌翻译实现，非常方便。

3. 提供自动翻译功能

买家在咨询的时候，使用的是英语或者其他语种，我们可以借助谷歌翻译，基本可以实现正常沟通。

Shopee 具有自动翻译功能，可以将其他语种翻译成英语，我们再借助谷歌翻译转换成中文即可。而且现在很多聊天工具都自带翻译功能，基本解决了语言差异的问题。

什么样的产品更适合在 Shopee 卖

目前，Shopee 上每个类目的前景都是“蓝海”，但是市场规模会存在差异。

下图是热卖的五大品类，可作为重点推荐产品。

各大站点目前最热卖的五大品类

各站点普遍热卖的品类：女装、3C电子、母婴用品、家居用品、美妆保健等

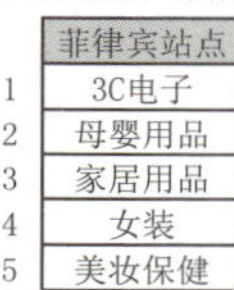

	新加坡站点	马来西亚站点	菲律宾站点	中国台湾地区站点	印度尼西亚站点	泰国站点	越南站点
1	女装	女装	3C电子	女装	母婴用品	3C电子	女装
2	3C电子	3C电子	母婴用品	3C电子	3C电子	女装	家居用品
3	家居用品	母婴用品	家居用品	家居用品	美妆保健	母婴用品	3C电子
4	母婴用品	家居用品	女装	时尚饰品	女装	家居用品	母婴用品
5	美妆保健	美妆保健	美妆保健	男装	时尚饰品	箱包	时尚饰品

各站点普遍热卖的品类有 3C 电子、女装、母婴用品、家居用品和时尚饰品等。热卖类目意味着市场规模大，但同时市场竞争也会比较大。其他的类目市场虽然小，但是竞争也会相对比较小，同样可以赚到钱。

那么，我们应该选择市场规模大但竞争大的热卖类目，还是选择规模小但竞争也小的类目？

如果你利用这个角度思考类目的选择，那么你的思路就错了。我们不能单纯地考虑市场规模，而是要考虑自己擅长什么类目，自己了解哪类人群的需求。

为什么这么说?

因为 Shopee 的运费设置是固定的，无论买家一次购买多少产品。所以，在同一家店铺购买自己需要的所有产品就能节约运费。

因此，Shopee 店铺的运营思维和淘宝的爆款单品思维不同。需要我们布局店铺的产品结构，让客户尽可能多地选购。

而在没有太多数据支持的 Shopee 中，布局产品结构的唯一依据就是你自己真正懂产品和懂目标人群的需求。否则，你做不出一个赚钱的 Shopee 店铺。

例如 A 卖家本身是国内的母婴卖家，熟知宝妈的需求，那么 A 卖家就更容易做出一个让客户购买多件产品的店铺。

又例如客户 B 想要开个女性服装店铺，但他不懂得基本的女性购物心理，以及服装风格，是很难做好的。

所以，想要做好 Shopee，关键是选择一个自己擅长的类目，或者了解目标人群需求的类目。

Shopee 店铺的基本设置

申请完店铺后，我们要如何设置自己的 Shopee 店铺?

店铺申请成功后，店铺的基本设置都是默认的，需要我们去修改店铺名字、店铺海报和店铺介绍等内容。

1.Shopee 的店铺名称

在 Shopee 上，一个好的店铺名字能够让客户轻易地记住，并且促进复购。所以，我们在取名的时候，要考虑不同站点的客户习惯。

以中国台湾地区站点为例，客户偏爱日韩风格，很多大陆风格的店铺名字根本无法让他们产生兴趣。

在中国台湾地区站点，以“英语名 + 经营类目”形式的店铺名称，更容易被记住和被喜爱。所以，中国台湾地区站点基本都是这个命名格式。

注意：店铺名称一旦发生修改，要一个月后才能再修改，需慎重。

2. 卖场图片与视频

在卖场设置里，有一项是设置卖场图片和视频，作用是什么呢?

卖场图片相当于我们淘宝店铺的首页海报，在 Shopee 上，我们可以设置 5 张卖场图片。

一般第一张图会设置当下店铺的主要活动，比如年货节；第二张图会放关于店铺的风格展示图；接下去的几张图片可以放店铺的主推产品图，以及粉丝维护的活动图等。

海报图片的大小一般设置成 1200mm × 600mm，这个尺寸既能保证图片的清晰度，又有足够的空间来展示我们的店铺内容。

而视频，需要我们用手机端的 APP 来上传。我们可以考虑做一个店铺的宣传片放上去。

3. 卖场介绍

卖场介绍和卖场图片通常组合在一起，是让客户了解我们店铺的一个渠道。

卖场介绍的格式：一般开头都是写我们店铺区别其他店铺的卖点，比如某某母婴是来自中国香港的高性价比母婴店。

然后就是介绍店铺活动、出货条件和售后说明等基本信息，我们可以借鉴同行的模板。

4. 卖场头像

卖场头像，一般都放与销售产品相关的头像。比如做母婴类产品的店铺，可以放母亲与孩子互动的照片，还可以放母婴产品照片等。

虽然图片和描述等基本信息可以随时修改，但我建议小范围修改，不要经常替换，否则会影响客户对店铺的熟知度。

除此之外，自动回复、物流渠道等设置的方法，因为涉及具体的产品等，我会在下文再为大家一一介绍。

如何下载 Shopee 各站点的 APP

东南亚站点的客户主要以移动端为主，所以我们首先要了解移动端的购物环境，同时通过手机来维护我们的店铺，回复客户信息等。

移动端分为两个系统：安卓系统和 iOS 系统，不同系统的下载方式也不一样。

1. 安卓系统的下载方式以及使用方法

为了方便卖家，安卓系统的每个站点 APP 的下载地址以及加速软件，我都整理好放在公众号：猫课东南亚电商。请大家自行前往下载。

关注公众号后，点击底部导航栏的“干货资料菜单”，即可看到“APP 下载”和“安卓加速器”。

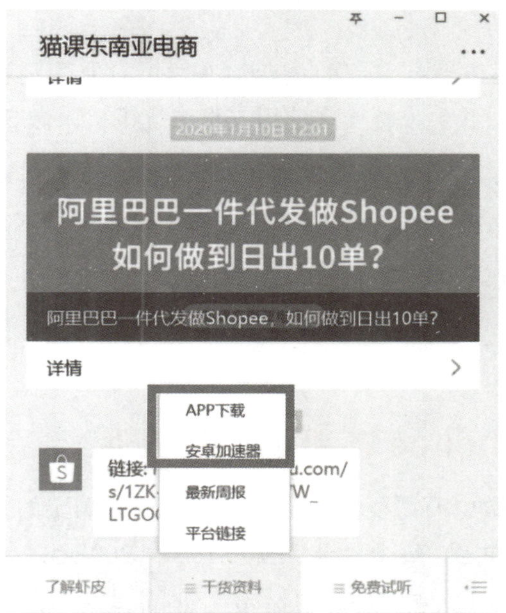

我们只需要点击下载，将软件安装到手机上，再将 Shopee 的 APP 导入到加速器内，就可以正常使用。每个站点关于安卓系统的下载方式和使用方法是一致的。

2.iOS 系统的下载方式以及使用方法

由于 iOS 系统的独特性，我们既无法直接提供安装包，大家也无法使用国内的苹果账号进行下载，只能使用对应站点的账号进行下载。

例如：如果你要下载中国台湾地区站点的 APP，那么你就需要使用一个中国台湾地区的苹果账号进行下载；如果你要下载其他站点的 APP，那么你就需要使用一个相应的苹果账号进行下载。而这些账号只需要在淘宝购买，每个账号大概 2 ~ 3 元。

iOS 系统没有专属的免费加速器，只能购买相关的加速器。所以，我更推荐卖家使用安卓系统手机来做 Shopee。

Shopee 没有单独的卖家 APP，它的软件是买家和卖家共用。这个 APP 基本上能够满足日常运营需求，不足之处是收到新消息，没有提示音。

运营 Shopee 所需的免费软件

国内做电商需要使用辅助软件，例如淘宝的打折软件、优惠券软件等，每个月至少投入 100 ~ 200 元。

同样，做 Shopee 也需要用到辅助软件，但是在 Shopee 可以利用免费软件：超级店长跨境版。如下图。

这款软件是网页版的，无须下载，直接注册登录即可。我们可以通过百度搜索“超级店长跨境版”，找到官网，进行注册登录。

这款软件能够帮助我们实现采集产品、优化产品、上架产品以及查看订单等功能。

注册登录后，我们需要绑定一个 1688 账号。首先登录超级店长，点击“店铺授权”。

点击之后，进入新的授权页面，找到“1688”，点击进入授权界面。

授权完成后，我们就可以进行产品的采集。

首先，点击顶部菜单栏里面的“产品”，出现选项，点击“采集产品”进入采集界面。然后把我们要采集的链接放到输入框，点击“采集”，一个产品就采集完成。

采集完产品后，我们还需要对产品进行编辑。

首先，我们找到已经采集好的产品，然后点击“编辑”，选择“Shopee 元数据”，选择你要上传的站点进行编辑即可。

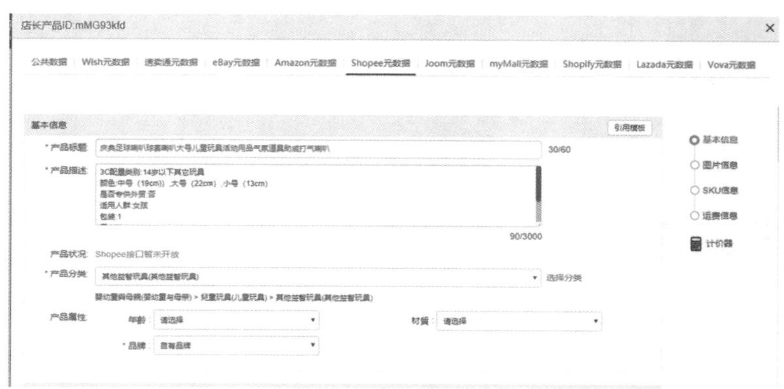

在超级店长里，我们可以编辑上新产品的所有属性，包括标题、描述、分类、图片、SKU(Stock Keeping Unit, 产品统一编号的简称，每种产品均对应有唯一的 SKU 号）和物流等。

编辑完成后，点击一键翻译，就可以把中文翻译成对应的站点语言，最后点击保存即可。

保存完成后，我们需要找到这个产品，更新图片链接，那么这个产品才优化完成，等待上架。

我们可以直接在产品后面的菜单中找到“认领”，把这个产品认领到我们绑定的 Shopee 店铺，也可以直接选择“认领发布”，直接发布到我们的店铺。这是一个完整的采集和上架过程。

产生订单的时候，我们点击超级店长顶部菜单栏，选择“订单”进入订单界面，同步订单即可看到 Shopee 的订单。我们可以进行处理订单、审单和核单等必备环节。

超级店长这款软件能够帮助我们节约时间，是做 Shopee 的必备软件之一。尽管我们有 ERP 软件，但还是会用超级店长做日常维护。

第三章 新手常见问题

Shopee 开店能够赚多少钱

1. 做 Shopee 能赚钱吗

任何一个项目只要有人在做，那么这个项目就一定能赚到钱。只不过门槛提高了，难度也加大了。

Shopee 现在处于项目赚钱的前期，类似于抛物线正处于开始上升的阶段。在这个阶段，只要你肯吃苦，就能顺势而为赚到钱。

开店的前三个月会比较辛苦，熬过这个阶段，订单逐渐稳定后，你就会慢慢变得轻松。

再过几年，Shopee 发展得更加成熟后，赚钱的难度也会增加。

所以，每一个机会都离不开趋势。

2. 做 Shopee 能月入过万元吗

关于这个问题，就好比我们去驾校学开车，教练能够教会我们的是开车的基础操作，保证我们能够把车开动起来，并且能够完成考试。但是教练无法保证你今后的驾驶技术以及熟练程度。

所以，做 Shopee 能否月入过万元，需要看个人能力和努力程度。但是我们可以借鉴别人月入过万的经验。

（1）懂方法：懂 Shopee 的基本玩法。

Shopee 的基本落地的实操方法，包含如何定位店铺、如何选品、如何优化以及如何定价等。

（2）肯执行：严格按照方法认真执行。

现在做 Shopee，赚的就是辛苦钱。所以，如果你仅仅掌握了方法，但是没有实际操作，不愿意吃苦是不行的。只有按照成功人士提供的方式踏踏实实、认认真真地执行才可以赚到更多的钱。

（3）能坚持：前三个月很辛苦，你要能坚持下来才行。

Shopee 会给新手卖家提供三个月的孵化期。

在这期间，平台不仅仅会给我们免佣金，更重要的是会给我们提供运营经理和活动资源。这三个月对于新店起量是非常重要的，需要卖家认真对待，让店铺活跃起来。

尤其是在刚开始的半个月，由于方法不够熟练，往往看不到什么效果。很多人就会产生放弃的念头，但其实只要你坚持下去，慢慢就可以看到效果。

（4）有时间：每天至少投入 4 ~ 5 个小时。

无论是做 Shopee，还是做淘宝或者做其他电商平台，你付出的精力与回报是成正比的。尤其是跨境电商，每天至少需要投入 4 ~ 5 个小时的时间来操作。

（5）多开店：想要月入过万，至少要开 3 家店。

店铺发展到了一定阶段，比如出单数量逐渐稳定，运营相对轻松后，很多卖家会选择多开店铺。毕竟 Shopee 有七个站点，还是要去多多探索。

当你至少开了 3 家店后，月入过万元的目标就很容易达成了。当然，也不是开一家店就无法月入过万元，但这需要你下更大的功夫。

我们趁 Shopee 现在的蓝海机会，尽可能地抢占更多的市场。后期运营难度增大，我们再强化自己擅长的市场。

（6）懂分享：新平台多交流，才能共同进步。

相对于国内的淘宝、京东，Shopee 是一个崭新的平台。大家都属于摸索阶段，仅仅依靠自己的力量，不如学会多与其他卖家交流分享，你才可以进步得更快。

3. 团队操作更赚钱吗

事实上，做 Shopee 团队操作比个人开店更赚钱。但是团队操作存在一个难点：团队制度的规划和人员的执行力。

所以，在刚开始的时候，我并不建议团队操作。

Shopee 适合作为创业项目吗

提到东南亚，很多人的第一想法就是贫穷落后。如果你这么想，那么你可能会错过一个掘金东南亚的好机会！

我国现在处于5G流量正在普及、智能手机遍布的时代。而东南亚各国的移动互联网普及率也持续走高，而且经济发展迅速，这些地区的购买力和购买需求日益强烈。

由于区域资源问题，这些地区的当地实体店已经无法满足他们的需求，所以，网购成了必然趋势。

Shopee成立于2015年，正好抓住了这波购物需求红利。它结合本地化运营管理的策略，在2019年跃升为东南亚及中国台湾地区第一大电商平台。

下图是Shopee近年的增长情况以及Shopee大促活动的增长数据。通过这组数据，我们可以看到Shopee的潜力不容小觑。

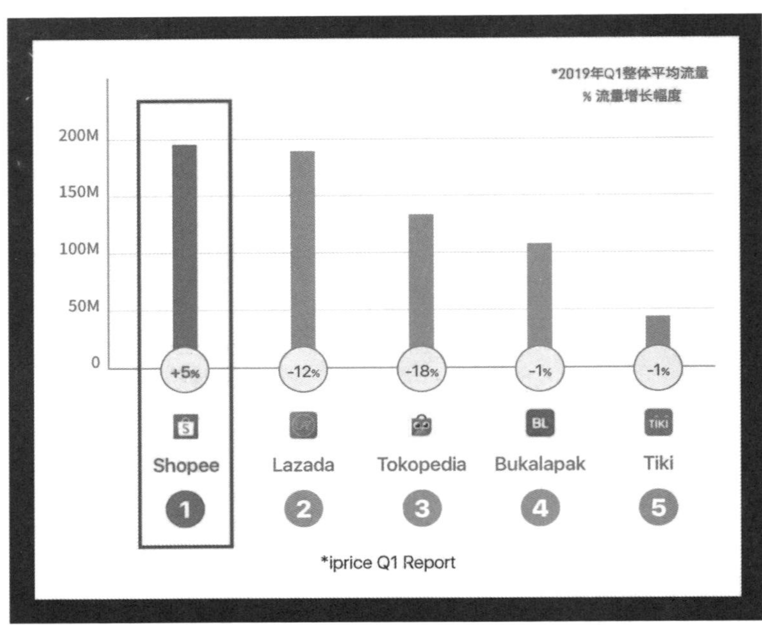

Shopee 在 2019 年第一季度财报内容，相比去年同期订单增长超过 82%。Shopee APP 下载量超过 2 亿。

流量方面，Shopee 第一季度流量增长 5%，而 Lazada 等其他购物平台均出现了流量下降趋势，与 Shopee 势均力敌的 Lazada，流量更是下降了 12%。

下图是 Shopee 2019 年 Q2 季度的数据报告。

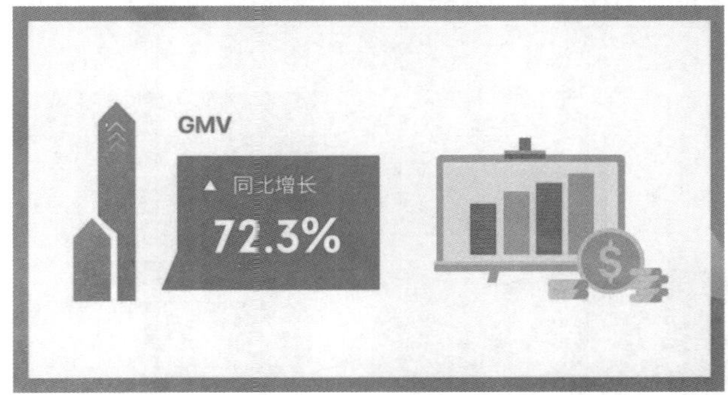

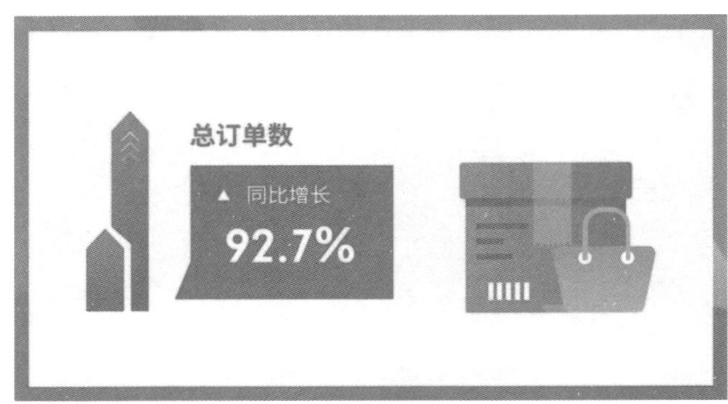

如图所示，Q2 季度 Shopee 的订单飙升 92.7%，GMV（Gross Merchandise Volume，通常称为网站成交金额）同比增长超过 72%，总订单数增长超过 92%，印度尼西亚市场更是突破了 1 亿单。

除了每个季度的数据汇总外，Shopee 也会举办大促活动，以“双十一”“双十二”为例，下图为对应的数据。

“双十一”“双十二”在 Shopee 上是重量级的大促活动，2019 年的“双十一”“双十二”活动，Shopee 都取得了很大的成功。“双十一”的订单量是日常的 9 倍，“双十二”的订单量是日常的 10 倍。

而且《Google 淡马锡 2019 东南亚数字经济报告》对东南亚电商规模做出了最新的评估，将东南亚电商市场规模上调 50%，超 1500 亿美元的超级大市场。

现在，Shopee 几乎能够保持每年超过 50% 的增长，速度极快，跟淘宝十年前在国内发展水平相似。而且 Shopee 在很多策略上都在跟随淘宝的步伐，迎合中国大陆卖家运营习惯。

自己有货源怎么做 Shopee

Shopee 现在有两种盈利模式。

第一种是一件代发模式，精细化铺货。找到自己熟悉的大类目，再根据目标客户的需求，增加针对客户需求的产品，包括其他类目的产品，这是目前的主流玩法。

另一种模式是细分市场，精细化运营。也就是用自己的货源做 Shopee。因为是根据自己的货源上架，所以品类比较有限，不适合铺货，只能通过精细化运营。

想要做好细分市场，精细化运营模式，我们要在开店前了解各个站点的市场需求。例如美妆产品可以做中国台湾地区站点，3C 产品可以做印度尼西亚站点，挑选一个最大的市场来做。

由于 Shopee 的开店限制，我们只能从中国台湾地区站点或者马来西亚站点入手，之后再慢慢多开不同的站点。

确认站点后，我们需要做的是了解整个行业情况，了解竞争对手。我建议中国大陆卖家只需要参考海外卖家的运营情况即可。因为和本地卖家相比，新手卖家并没有太大的优势，所以不会形成直接竞争关系。

调查市场后，下一步就是精细化上品，这一步骤与一件代发模式的优化流程相同。

这个模式的核心问题是：如果我产品少，无法持续上新，要如何拿到流量，并且持续获取客户？

其实，最直接的办法就是测款。通过关键词广告将一个有潜力的产品打造成爆款，靠爆款来不断地带来新的订单。

我建议有货源的卖家可以和一件代发相结合的模式来做，目的不仅仅是为了带来新的流量，更主要的是这样做可能会让你发现一个新的市场机会。这个市场机会无论是对你做 Shopee 或者做国内电商都会有很大的帮助，同时也在一定程度上提升你的利润率。

业余时间做 Shopee，如何月入 3000 元

在过去的 2019 年，“副业”这个词多次被提起。很多年轻人在本职工作之外，都有一份月入几千元，甚至上万元的副业。

那么，我们要如何利用业余时间做 Shopee，达到月入 3000 元的小目标？

Shopee 就是十年前的淘宝

Shopee 是东南亚的一个移动化电商平台，它在东南亚的电商地位就相当于淘宝在国内的地位，Shopee 正处于蓝海状态，就像十年前的淘宝，机会巨大。

1. 移动互联网的发展

十年前，互联网在国内慢慢普及，淘宝呈现爆发式增长。

同样的事情正发生在东南亚地区，超过 90% 的东南亚互联网用户使用移动端上网，Shopee 成为东南亚购物类 APP 下载榜首。

2. 人口年轻化，消费力高

淘宝初期的成功，大部分原因是 80 后、90 后消费群体的崛起，他们是淘宝的消费主力。

Shopee 覆盖的 6 亿人口，52% 的人口小于 30 岁，地区经济发展迅速，人们购物需求旺盛，这给 Shopee 的发展带来了很大的机会。

3. 平台大力推广，新客户持续倍增

淘宝发展初期，铺天盖地地投放了大量的广告，甚至连农村地区都没放过。

Shopee 为了推广，也在东南亚地区投放了很多传统以及新媒体广告，包括斥巨资签约了足球巨星克里斯蒂亚诺 · 罗纳尔多作为代言人。

4. 商家免费策略，低成本高收益

淘宝初期也采用了商家免费入驻策略，并给予大力扶持，吸引了大量卖家入驻，并培养出了大批亿元级大卖家。

Shopee 同样采用了零费用入驻模式，三个月的扶持期，给卖家提供各种免费活动支持，几乎每个月都会举办一次大促活动。

阿里巴巴一件代发

没货源，怎么做 Shopee 电商？没有货源并不是什么大问题，Shopee 可以采用一件代发模式。

综合来看，一件代发的利润率能做到 20% ~ 30%。我们自己的专业团队能做到 40% ~ 45% 的利润率，但是我们的学员大部分是兼职，而且没有多少经验，利润率基本可以做到 20% 以上。

虽然 Shopee 购物网站的产品单价不高，即使做到 30% 的利润，也没赚到多少钱。但是产品单价并不等同于客单价。

以中国台湾地区站点为例，我们在站点看到的产品单价基本都是几台币、十几台币等，折合人民币才几元钱。

但是，中国台湾地区客户喜欢一次性购买多件产品，这样就提高了客单价，客单价基本是 60 ~ 80 元人民币，最低也不会低于 30 元人民币。因为我们设置的是低于 30 元人民币的不出货，所以单笔的利润还是比较可观的。

是不是只要做就能赚钱

既然现在的 Shopee 是蓝海，那么是不是只要我们做了就能赚钱？

肯定不是，如果有人告诉你有一个项目，只要你做就能赚钱，那么这个人一定是骗子。

无论做什么事情，一定是有方法的。Shopee 也有自己的一套玩法，而且玩法会随着 Shopee 的发展，卖家的增多而不断优化。

目前，想要做好 Shopee，只要掌握选品和优化两大基本技能，并且按照方法严格执行，实现每月多赚 3000 元的收入是不难的。

（1）选品最重要的是你要知道自己擅长做什么类目，并且知道这个类目的哪些产品热卖。

（2）优化包含标题、图片、属性、描述、SKU 和物流等等，这一项非常重要。

以制作标题为例，有一部非常热门的动画片叫《小猪佩奇》，这部动画片在中国台湾地区很受小朋友欢迎。如果你的产品标题是“小猪佩奇”，那么根本没有搜索流量，因为在中国台湾地区“小猪佩奇”的常见称呼是“佩佩猪”。

所以，即使 Shopee 是一个大的蓝海机会，如果你没有好的方法，或者不能严格执行也很难赚到钱。

一件代发做 Shopee，如何日出 10 单

什么产品适合做 Shopee

以中国台湾地区站点为例，因为中国台湾地区市场和中国大陆市场的差异并不是很大，我们上手操作也比较容易。

目前中国台湾地区站点出货量比较大的类目有女生衣着、美妆保健、婴幼童与母亲、居家生活、女生配件、男生衣着、3C 产品以及女生包包等。

同时，因为中国台湾地区本身的经济实力比较好，中国台湾地区客户具有一定的超前消费能力。经济条件比较好的客户喜欢养宠物，所以宠物这个类目在中国台湾地区站点销售也比较好，虽然是一个小众类目，出单量少，但是利润率会很高。

知道了这些类目在中国台湾地区是热门类目，市场好，那是不是随便做哪个类目都可以呢？不是的，一定要找一个自己熟悉的品类或者自己熟悉的人群来做。比如，你之前在淘宝做女装，那么在 Shopee 上选择做女装，成功的可能性会高很多；比如你之前做母婴，那么在 Shopee 上选择做母婴会比较好。

因为 Shopee 的流量机制是根据推荐和搜索各占 50% 来给流量的，所以新店的风格和产品定位很关键，不懂的人往往做不出来店铺风格，也就拿不到推荐流量，而推荐流量对 Shopee 的新店至关重要。

也许会有卖家产生疑问：我只了解国内电商的玩法，没做过具体产品，是不是就做不好 Shopee 了？

不是的，虽然你没做过具体类目的产品，但是你是一类人中的一员，你了解你这一类人的需求，同样可以做好 Shopee。

比如你是一个宝妈，那么你懂得宝妈会买什么产品，买这些产品的选择条件是什么，你就能选出她们需要的产品并能卖出去，因为你也是这类产品的消费者。再比如你是美妆爱好者，你知道什么化妆品好，现在流行的是什么，你也能选出好的产品。

所以，想做 Shopee，从几个热门类目里面，挑选自己最擅长、最有优势的类目来做就好，不要考虑太多其他的东西。如果你不懂产品，不懂人群，就算选择一个出单量大的类目也没用，因为你选出的产品根本不是客户想要的。

如何通过 1688 找产品

确定产品后，我们怎么从 1688 找出我们想要的产品上传到店铺呢?

假设我决定做女装，现在我准备上一款连衣裙，我应该如何去选品呢? 只需三步。

首先打开 1688 网站，在搜索框输入我们要搜索产品的关键词，比如我在这里输入“连衣裙”，然后进行搜索。

第二步，搜索结果出来后，我们选择按照成交额进行排序。为什么要按照成交额进行排序呢? 一般在 1688 上成交额高的，基本上都是现在在淘宝等电商平台比较热销的产品，中国台湾地区人和大陆人习惯、爱好差不多，我们热卖的产品，放到那里售卖也会热卖。

第三步，按照成交额进行排序后，我们继续选择出货地，出货地的选择是由 Shopee 的发货时效以及你要从哪个中转仓发货决定的。

Shopee 的发货时效：Shopee 规定现货产品必须三天内发货，五天内到达中转仓进行扫描。也就是说从你收到订单，到你把产品发到中转仓，只有五天的时间。

Shopee 中转仓：Shopee 在大陆有四个中转仓，分别位于上海、义乌、泉州和深圳。你要保证你的全部现货产品能够在五天内送到这四个中转仓中的任意一个。Shopee 同时还规定，上海、义乌和泉州三个仓库可以同时发货，选择了这三个就不能选择深圳仓库。反之，选择了深圳仓库就不能选这三个仓库。

所以为了保证时效，我们尽可能地围绕中转仓以及中转仓周边城市进行选品。比如我要发上海的中转仓，那么我选择的产品供应商、发货地一定选择江浙沪或江浙沪周边城市。

做好筛选后，我们再从这些搜索结果中挑选我们想要的款式、符合 Shopee 热卖属性的产品等。

掌握了 Shopee 选品的技巧后，还是没办法做出一家稳定出单的 Shopee 店，因为你还需要掌握店铺规划、分析 Shopee 前台销售数据以及学会分析什么产品在 Shopee 好卖。

Shopee 的运费和折扣设置

做 Shopee 还会遇到一个问题：我的店铺到底应该设置满多少发货呢?

设置太高，客户不愿意下单，设置太低，很大概率会亏本。

中国台湾地区站点，我们一般设置满 199 元人民币发货，包含运费。如果我们设置 20% ~ 30% 的利润，按照这个出货条件基本不会出现亏损情况。

那么其他几个站点我们应该怎么设置呢?

我们其他站点的出货条件就是购物消费达到 30 元人民币，不包含运费。比如马来西亚站点，我们设置满 30 元人民币，也就是 18 马币（马来西亚林吉特，1 马币 =1.6315 人民币）就可以出货了。大家可以根据自己的实际经营情况，参考我们的出货标准，转化汇率。

出货条件解决后，另外的问题是：折扣活动应该怎么设置？我们的产品要打几折？我们的优惠券应该设置多少？

以中国台湾地区站点为例，我们一般设置五折或者四折的折扣。折扣没有统一标准，只是给客户一个在打折的错觉，实际折后价才是我们真实的售价，但是一般低折扣更有吸引力，所以五折比较好。

关于优惠券设置，我给大家推荐一组设置数据，数据仅供参考，具体操作要结合自己的产品定价。

以中国台湾地区站点为例，我们一般设置满 199 元发货，配合优惠券，我们设置满 199 元减 5 元，满 299 元减 10 元，满 499 元减 20 元。这样设置的目的是为了让客户多买，提升我们的客单价。

需要注意的是满 199 元发货是包含运费的，满 199 元减 5 元是不包含运费的，而是实际的产品价格。

而且该设置是针对新店的，我们把门槛降低，把客户的疑虑降低，等店铺出单稳定后可以把这个门槛提高。

设置什么样的免运条件比较好？这和个人的产品利润率设置有很大关系。同样的条件别人能赚钱，你可能亏很多。所以我建议大家从一开始运营店铺的时候就把门槛提高，比如满899元免运费，满999元免运费。然后等店铺稳定出单后，回顾之前的订单利润率，看看自己制订什么样的免运措施比较合适。

折扣、免运费和优惠券在哪里设置呢？我们登陆卖家后台，在左侧可以看到“我的行销活动”，点击“行销活动”就可以看到折扣活动、折扣券和运费等折扣功能，直接点进去进行设置就可以。

折扣功能设置和淘宝的使用方法差不多。

Shopee 的货款如何收取

收款也是我们做Shopee比较关注的问题。就算出单再多，回款不及时或者不能回款，还不如不做。Shopee的回款是这样操作的。

1.Shopee 什么时候回款

Shopee相比其他的跨境平台，回款速度还是比较快的，在每个月的月初和月中会进行回款。回款是在回款日之前已经完成并且过了7天鉴赏期的订单。

比如在2019年11月1日到2019年11月15日我们一共出了100单，其中完成订单5单，货款共计4000台币，那么我们在11月15日回款的金额就是4000台币。

另外，Shopee虽然是月初和月中回款，但是回款的时间不确定，月初可能是每月 1 日也可能是每月 10 日，月中可能是每月 15 日，也可能是每月 19 日。

2.Shopee 回款是直接到银行卡吗

因为 Shopee 是跨境电商，结算以美金为单位，而我们大陆卖家没办法直接结算美金，因此需要借助第三方的支付机构，目前与 Shopee 合作的第三方支付机构有 Payoneer，PingPong 和 LianLian Pay。

我建议中国大陆卖家采用 LianLian Pay 作为第三方支付渠道，因为 LianLian Pay 是中国大陆公司，在提现手续费等各方面优势比较大，使用起来也更符合中国大陆卖家的习惯。

3. 如何绑定 Shopee 与第三方的支付渠道

Shopee 在后台可以直接绑定第三方收款渠道，但是会涉及钱包密码。在之前 Shopee 是直接把钱包密码通过开店邮箱发送给你的，但是 2019 年 Shopee 修改了这项规定，必须由我们卖家申请子母账号，然后通过子母账号进行修改钱包密码才可以。

大家可以直接登录 Shopee 的官网搜索子母账号进行申请，申请前需要准备好自己开店时的法人身份证、公司执照、联系电话、邮箱和下载申请表并盖章，具体操作方法可根据官网提示进行。

子母账号申请成功后就可以登录，修改我们的钱包密码。现在钱包密码的修改和官网的教程完全不一样，相比更新以前更加烦琐，你需要认真操作。

有了钱包密码后，我们就可以把已经注册好的第三方支付机构绑定到 Shopee 店铺。

方法是进入卖家后台，找到“我的钱包”，点击登录。

注意：登录涉及两个密码。第一个弹出来的密码是 Shopee 店铺的登录密码。第二个密码才是钱包密码，两个密码输入正确后就可以绑定了。

后台确定你绑定了第三方支付，那么 Shopee 回款时，就会直接把货款以美金为单位划拨到你的第三方账户。然后我们通过绑定的第三方账户的个人银行卡就可以提现了。

为什么有时候我们收到的货款和后台显示的有出入呢？一般出现这种情况是由于汇率引起的，汇率的计算方式比较复杂，如果差异只有一点，那么可以忽略；如果差异很大，那么直接找经理申请复议。

同时为了避免汇率损耗，我们在提现到个人银行卡时，可以选择人民币兑换美元增长的时候。比如现在是 1 美金兑 6.9 元人民币，那么你就可以先不提现，等到汇率变动，达到 1 美金兑 7 元人民币甚至 1 美金兑 7.2 元人民币的时候再提现，就又赚了外汇的红利，多拿到了一部分货款。

如何用 1 套资料开 3 套 21 家店

1 套资料：我们都知道申请 Shopee 店铺的时候，需要提供手机号、QQ 邮箱、营业执照、法人代表身份证和店铺流水。

3 套 21 家店：我们把 Shopee 的 7 个站点店铺全部开下来，

就是1套店，3套店就是我们有7个站点，每个站点都开3家店，一共3套21家店。

前文我说资料是唯一性的，只能用一次，为什么这里就成了1套资料可以开21家店呢？

是的，资料具有唯一性，唯一性仅仅指的是你申请开店后，不能再用这套资料再次申请提交。只要你做得好，后期经理可以直接用这套资料给你开新店。

标准是什么呢？每个经理的标准不太一样，我们参考 Shopee 官方的标准：

当你的首个站点店铺累计完成订单5单，可以直接找经理申请开通第二个站点的店铺。

也有的经理要求开通第二个站点前，首个站点店铺需要完成10单订单。原则上我们是可以自由选择第二个站点，但是部分经理可能因为个人 KPI（Key Performance Indicator，关键绩效指标）的问题给你指定站点。

当第二个站点店铺累计完成订单20单，可以继续找经理申请第三个站点。有的经理可以同时给你开通两个站点甚至四个站点店铺。

以此类推，新站点店铺累计完成20单就可以申请开通新站点，一般后面可以每次申请开通两个站点，直到你的所有21个店开完。

并不是所有人都可以完成1套资料21家店的目标，因为一旦你的第一家店过不了孵化期或者扣分太多，导致你失去了专属经理，那么你就没办法开新店。

所以前期的规划非常重要，不要等到店铺申请好了再想自己应该怎么做，要怎么选品。我们的做法是提前规划，提前优化，等店铺申请好时，基本已经完成了相应的产品基数，只要按部就班地操作就可以。

Shopee 七大站点解析

在 Shopee 七大站点中，平台单量最大的是印度尼西亚站点、马来西亚站点及中国台湾地区站点。但对新手卖家来说，选择的首开站点只有马来西亚站点或者中国台湾地区站点。

一、中国台湾地区站点

特点是出单率高，买家的消费能力强。

因此，新卖家首选可以考虑中国台湾地区站点。在语言方面没有太大障碍，只要摸清了市场，有针对性地选品，投入很快就可以得到回报。

2019 年，Shopee 邀请了韩国偶像女子组合 BLACKPINK 为活动大促做前期宣传，强势斩获了一大批粉丝流量。

而为了迎接“双九”大促，宣布足球巨星克里斯蒂亚诺·罗纳尔多成为 Shopee 的全球代言人，从而撬动了东南亚以及中国台湾地区的男性市场。所以，想要做好中国台湾地区站点的秘诀在于：时刻保持与买家群体的互动和黏性。

关于运营模式，亚马逊和买家之间几乎没有交流，Shopee 中国台湾地区站点却将社交电商的特点体现得淋漓尽致，要求商家花样做活动，与买家进行互动。

二、马来西亚站点

特点是买家对价格的敏感度高，因此在定价上一定要充分让利。同时相对其他站点，马来西亚站点在支付和物流系统上成熟许多，运营起来会相对轻松。

三、印度尼西亚站点

其特点是人口红利大，但对价格敏感。虽然目前该站点的基建还不是很完善，但却是大促爆单的站点。

四、新加坡站点

特点是买家的购买力较强，但是新加坡的人口有限，导致市场小，单量少。

因此，该站点开设店铺后正常维持运营即可。在运营上要走垂直化精品路线，在产品和类目上精细化运营，多做分级处理。

五、泰国站点

特点是单量增速快，不少中小卖家实现了日破百单。

该站点网络基础设施很完善，上网人数多，人们每天网购待机时间为 3.7 个小时。所以，泰国站点是继中国台湾地区站点之后的一个新单量增长点。

六、菲律宾站点

特点是成长速度极快，但运费成本高。因此建议卖家销售一些重量不大的产品，例如美妆产品、3C 产品等。

七、越南站点

特点是唯一可以走陆运的站点。

因此越南站点可以出售很多其他站点不能卖的产品，比如充电宝和粉末状、精油类的美妆产品。

由于泰国、印度尼西亚和越南这三个站点使用小语种，所以后台是使用英语的。在商品上架后，Shopee 当地运营团队会将热销的商品标题陆续翻译成当地语言。

如果你是正准备入驻的卖家，那么首选站点为马来西亚站点和中国台湾地区站点；其次就是印度尼西亚站点、新加坡站点和泰国站点；最后是菲律宾站点和越南站点。

Shopee 的选品方法

想要做好 Shopee，选品很关键。想要做好选品，有两点非常重要：转化思维和掌握方法。

转化思维

Shopee 和国内的淘宝、京东等平台不一样，淘宝有生意参谋，京东有商智这些官方数据平台。通过这些数据，你能够很清晰地知道哪个类目、哪个词对应的市场如何。

但是在 Shopee 没有类似的数据，我们只能通过后台看到自己店铺的情况。所以，要想做 Shopee，首先就要忘记国内电商的思维模式，忘记数据分析模式。

没有数据参考，我们应该如何做 Shopee 呢?

举个例子：大家经常刷抖音，抖音的推送机制就是把你平时关注比较多的视频推送给你。而在 Shopee 上，推送和搜索是各占 50% 的，对新卖家来说推送是非常重要的流量来源。既然想要拿到推送流量，店铺标签就显得尤其重要。

如何给自己的店铺打标签呢？比如你打算做母婴类的产品，那就要给自己的店铺一个明确定位，按照定位来操作上传。比如你只做 3 ～ 6 岁的女童产品，有了这个定位后，Shopee 就会把你的产品推送给目标客户，也就给你带来了自然流量。

掌握方法

选品方法是做 Shopee 的核心，选品我们也有一定参考：看 Shopee 的周报以及前台的销售数据，通过数据来分析我们应该上什么品。

我给大家分享一个技巧，就是 Shopee 不是单品概念，而是店铺概念。跟前期的淘宝一样，我们要把产品分为引流款、普通款、利润款和暴利款。四个款型的选品方法也不太一样。

引流款：引流款的选品主要是周报参考和热卖跟款。Shopee 运营经理每周一、周二会为我们提供一份市场周报，里面包含了每个站点的热卖产品可供我们参考。

普通款：普通款的选品主要参考的是类目规划表格，结合前台数据做选品。

利润款：什么产品可以作为利润款？简单地讲就是你的产品相对于同行来说有不同的属性或者卖点。比如吹风机，同行的吹风机只有三个档位，而你的吹风机有四个档位，相比同行你多了一个卖点，有竞争优势，你就可以作为利润款出售。

暴利款：暴利款就是你有同行没有的产品，不会形成竞争，市场唯你一家独大。

那么，去哪里选品呢？

目前，我们在 Shopee 主要做一件代发，根本不需要自己囤货，所有产品都是在国内批发网站选出来的，比如淘宝、阿里巴巴等。

我优先推荐的是阿里巴巴选品，因为阿里巴巴是我们接触最多，也是最可靠的货源批发平台，类目产品也多。

除了阿里巴巴，我们还可以通过拼多多、义乌购等其他电商平台或者货源平台进行选品。

通过这些平台进行选品，会不会因为质量问题被退货呢？东南亚客户对产品的质量要求并不是特别高，他们对价格更加敏感，像 1688 等平台的货源质量是完全可以满足他们需求的。

Shopee 小类目的选品逻辑

先定产品大类目，再选小类目

首先从自身出发，考虑自己的优势在哪，可投入资金有多少。如果资金链强大，可以考虑选高客单价的差异化产品；如果你有强大的类目供应链，那么就先研究对应的大类目，精细化下级类目。

如果你拥有服饰方面的供应链优势，那么确定产品大类为服饰，再进行精细化选品。例如服饰的二级类目分为女装、男装、童装和内衣等，三级类目分为衬衣、夹克、内裤和袜子等。

我们可以深掘二、三类目进行选品，从而更精准地定位店铺。

Shopee 小类目的“小”是相对的，一定不能用国内电商的小类目去定义 Shopee 的小类目。

学会同市场网站寻找信息差

在选品过程中，我们要如何挑选具有爆品潜力的产品？

Lazada 和 Shopee 主攻市场都是东南亚地区，客户群重合，所以两个平台的客户审美和需求也存在很多相同的地方。

你打算在 Shopee 销售手机壳，你可以去 Lazada 上搜“手机壳”。我们收集那些在 Lazada 上销量火爆的手机壳信息，再与 Shopee 进行信息对比，找出 Shopee 上还未出现或者还没有成为爆品的产品。除了 Lazada，我们也可以参考淘宝、拼多多等平台的热销产品。通过这种寻找信息差的方法，快速找到具有爆款潜力的产品。

Shopee 小类目的优势和劣势

优势

（1）客户群体比较固定且明确。容易找到客户群体，容易分析客户群体有什么样的特点，容易了解客户群体有什么固定需求。

（2）价格不是客户下单的主要决定因素，溢价空间较大，客单价、利润率相对比较高。

（3）一个订单的产品种类不多，所以采购相对容易，订单超时出货的情况比较少见。

劣势

客户群体小，单量相对较少。但是我们可以通过高利润的产品来弥补。

例 1：攀岩绳

有一学员在海量上新的过程中，上架了一款攀岩绳，并陆续出了几单。后来学员在跟客户沟通的过程中发掘出更多的客户需求，上架多款符合不同客户需求并有明显卖点的攀岩绳。

经过进一步分析，学员认为攀岩绳作为保命的东西，如果太便宜了，客户反而不敢买。因此他又大胆地上新了几款高价产品，最终高价产品反而卖得更好，客单价和利润都得到了较大幅度的提升。

例 2：充气小船

学员店铺中游泳圈、游泳衣等产品销量不错。通过分析平台整体情况后发现泳衣卖家较多，竞争较为激烈，利润相对较低。

后来经过进一步思考，学员决定挖掘水上运动相关的其他产品，避开热门产品的直接竞争，最终选择充气小船作为利润款产品。事实证明，产品上架后销量不错，同时更保证了高利润。

总结

（1）选定目标客户群体，找到 3 家左右主营相关产品的供货商（选定的供货商一定要满足货描、发货和回头率三项指标均高于行业平均值，发货和回头率最好达到 30% 以上）进行海量上新。

（2）围绕经常出单的产品，进一步挖掘跟产品相关的周边其他产品。

（3）进一步分析特定客户的特定需求，找出有显著卖点的产品做高溢价。情况不一样，大家要从自己实际情况考虑。

如何让 Shopee 买家购买更多的产品并且保证利润

Shopee 的客户喜欢在一家店内购买自己需要的所有产品，所以我们要想办法让客户进店之后多买，多买我们才能多赚。如何才能做到这一点呢？

我们要做的就是把客户需要的所有产品上架到我们的店铺中，也就是我们的店铺中要有一个好的产品结构。

比如我的客户是家庭主妇，她可能买生活日用品，可能买化妆品，也可能给自己的老公、孩子购买产品。那我的店铺中就应该把家居日用、美妆、男装和母婴用品全部上架吗？

如果这样做，根本算不上一个好的产品结构，而是做了一个杂货铺。能不能出单呢？能，但一定不能让客户多买。

正确的做法是什么呢？比如你的客户还是这个家庭主妇，家庭主妇最可能购买的产品是家居用品，涉及厨房用品、收纳用品等。

这个家庭主妇可能也会购买其他的用品，比如给自己买化妆用品，给孩子买其他产品，但是她一定不会买很专业的。她可能会买个夹子，这样做家务的时候头发就不会碍事；她可能给自己的孩子买一个桌角防护垫，避免孩子磕到碰到。所以这些东西也要有，这就是合理的产品结构。

仅仅做好产品结构还不够，我们还要有合理的定价。早期做过淘宝的卖家可能清楚，最开始做淘宝，我们的产品分为四个类型：引流款、普通款、利润款和暴利款。上文提到，现在 Shopee 也处于这个阶段，我们也需要把自己的产品根据利润等级划分。

引流款：店铺流量最主要的来源产品，我们一般设置占比为全店产品的 30%，利润空间设置在 5% ~ 15% 之间，具体的设置参数，我们会参考同行的定价。

比如一个挂钩，同行定价是 2 台币。通过计算发现，如果我们设置 10% 的利润，我们的售价可能是 3 台币，设置 5% 的利润，我们就可以再减 1 台币，那么我们就会设置 5% 的利润。

不要认为引流款就是价格低的产品，价格低仅仅是相对同行来说的。比如我们在 Shopee 上做女装，同样的一个 T 恤，同行卖 299 元我们卖 280 元，那么我们这个产品也是引流款。

普通款：普通款在我们店铺内的占比一般设置 40%，利润空间设置在 15% ~ 35% 之间。同样，在对这个产品进行定价的时候，我们会参考同行的价格区间，只要在合理范围内，我们会把利润率做高。

利润款：利润款在我们店铺内的占比一般设置 20%，利润空间设置在 35% ~ 50%。

什么样的产品适合作为利润款呢？一个产品能够成为利润款，最基本的就是你比同行在卖点或者供应链上更有优势。

比如同样的 A 产品，同行只能拿到阿里巴巴的批发价，成本比较高，30% 的利润，卖 180 台币。而你因为某些资源或者其他优势，能比同行低 10% 的价格拿到产品，那么你的利润就会比同行增加10%。同样的定价，这个产品相比你来说，就是利润款。

还有一种情况就是，你觉得做 A 产品竞争不过同行，然后你找到了一个功能与 A 产品类似的 B 产品，价格几乎没什么差异，但是 B 产品比 A 产品多了一个卖点，比如多了一个功能或者多了一个颜色，那么你就可以比同行卖得贵一些。对你来说，这也是一个利润款产品。

暴利款：暴利款是在店铺产品中占比 10%、利润空间超过 50% 的产品。这类产品的共性就是几乎没有同行可以跟你竞争，全网基本只有你一家有，或者刚刚开始火爆，还没人跟风卖这种产品。这种产品需要大家自己多下功夫去找，同时也要有一定的敏感度才行。

做好合理的店铺产品结构和合理的定价，客户进店后基本都会多件购买，而且能够保证我们有 30% 左右的利润。如果你是团队运营，每一步都做得比较精细，利润空间完全有可能达到 40% ~ 45%，我的团队目前已经实现了这一步。

Shopee 采购如何减少损失并提升利润率

一、低价引流的产品可以囤货

如果不是把 Shopee 当成兼职，是想当成未来的发展方向来做，把它当成事业来做，那么前期代发货的时候，你应该去跟货代商谈，囤一点低价热销的产品，通过这种囤货的方式来采购产品，拉低进货的金额。

比如一副耳环进货价 0.5 元，运费需要 5 元，看上去价格很低。如果我希望获得 30% 的利润，我可能卖 6 元。但是竞争对手全部卖 5.5 元，比我们的价格低，这时候我们没办法与他们竞争。因为我们前期肯定需要引流款，引流款肯定要比竞争对手的价格低。如果我们能跟货代谈下价格，我们就能与他们竞争。

阿里巴巴产品批发价格很低，我们只要稍微囤一点引流产品就可以。

二、合理设置发货时长

前期出单可以全都设置七天发货，保证不扣分。如果店铺被扣分，可能之前的运营都白费，搜索被屏蔽，没有流量。有一定的单量后，我们把热卖的产品调成七天发货，其他产品调成两天发货。这样设置是因为只要一个单里既有热卖产品，也有其他产品的时候，系统就默认为七天发货，对我们采购的压力会小很多。

三、注意各种大促的节点

大促时，我们一定要根据以往的数据，把采购提前。如果没有数据，建议大家把发货的时间调为七天或者更长，其实只要详情上写现货，客户不太会看。但是你要写海外现货，当客户询问时可以解释是因为物流堵塞，中国台湾地区的客户还是可以理解。大家一定要先保证店铺正常运营，其次才是冲业绩。

四、采购要注意节奏和次序，懂得整合订单

不管是自己采购还是别人采购，最重要的是不要漏单和跟单，尤其跟单非常重要。因为 Shopee 的扣分制度不会等你，所以你必须保证隔一天就可以有物流信息。

我觉得 Shopee 比较好的地方就是可以很快地给团队信心，所以一定要做好基础工作，不要着急，后半年是 Shopee 的旺季，很多大促在等着你！

Shopee 优选卖家

如何让自己的产品在众多同类商品中脱颖而出？那么成为 Shopee 的优选卖家是必不可少的一步。

一、什么是优选卖家

以淘宝为例，优选卖家可以理解为淘宝里高信誉的皇冠店铺。普通卖家经过 Shopee 官方把关，从众多商家中选出其商品比较受欢迎、服务良好和受到买家好评的优秀卖家。

二、优选卖家的优势有哪些

相对普通卖家而言，优选卖家拥有一系列专属服务。

优选卖家有两个权限：

（1）买家可以使用 Shopee 币抵现，类似淘宝的淘金币，只有在优选店铺才能使用；

（2）部分特卖活动只有优选卖家才有资格报名。

站在买家的角度思考，在价格差距不大的情况下，优选卖家的头衔会增加买家对卖家的信任度。再加上使用 Shopee 币抵现后，实际支付的价格可能比选择普通卖家要低。

所以优选卖家不仅可以提高店铺转化率，还可以进一步给店铺带来引流。

三、成为 Shopee 优选卖家的官方标准

Shopee 选择优选卖家，首先是对业绩有所要求，而且其标准在各个站点略有不同。

如果你的店铺入选后，第一个月的数据不达标，平台就会给予警告。第二个月结束后，如果仍低于评选标准，平台则会把“Shopee 优选”的标签取消，直到下一个评选周期再次达标才可重新入选。

四、如何成为优选卖家

1. 适当多上新

Shopee 鼓励多铺货、多上新。我们可以少量多次地上新，以此获得更多的流量扶持。

2. 先让利出单

首先让利出单，争取做到 50 单，才能有机会评选优选卖家。为此，即使是稍微亏本，为了长期的利润，先牺牲眼前的短期利润是有必要的。

3. 多报名后台活动

通过多参加活动，来拉动流量。多关注各站点后台“Seller Center”的“Marketing Center”，会定期推出活动报名通知，请积极报名参与。报名参加前，仔细研究活动要求，精准选品，增加被选上的几率。

4. 关注粉丝

粉丝对于一个店铺来说尤为重要。我们要把握每一个进店咨询的买家，引导其关注店铺，成为我们的粉丝。在下次购物时，店铺送出小礼品或者粉丝折扣作为奖励。

或者关注同类卖家，以及该卖家的粉丝，增加曝光率，这样被回粉的几率也比较大。

5. 攒客户好评

评选标准也包括了店铺评价，差评会导致扣分，评分太低会影响优选店铺的评比，所以一定要做好售后服务，维护好评价。

店铺流量的三大来源

对于电商卖家来说，流量至关重要。因为只有流量进来，我们才能有转化，才能赚钱。影响 Shopee 店铺流量的因素有哪些呢?

Shopee 目前的流量来源主要有三个方面：搜索、推荐和粉丝关注。对于新店来说搜索和推荐各占 50%。

搜索流量

和我们做国内的淘宝、京东差不多，客户通过搜索关键词，系统把带有这个关键词的产品按照一定的机制进行展示。你的商品得到展示，并且能够在搜索结果中脱颖而出，得到买家的点击，那么你就会有一个访客，也就是一个流量。

所以想要拿到这个搜索流量，需要做好标题和主图。

在 Shopee 上，标题除了搜索本身的功能，还有一个功能就是转化。为此我们自己设计了一套标题的写作方法，格式为：店铺名字 + 促销词 + 产品词 + 属性词 + 长尾词 + 转化词。只要按照这个格式来写标题，基本上你的产品该拿的搜索流量都能拿到，而且带来的流量转化还会很不错。

另外一个就是主图，并不是每一个主图都需要自己优化。我们会把产品分为引流款、普通款、利润款和暴利款。主要给我们带来流量的是引流款，所以在引流款的产品上，我们会下很大的功夫，包括主图都需要自己单独优化，不仅仅局限于把简体中文修改为英语或者其他小语种。

其他的产品怎么处理主图呢？如果采集过来的产品图片还不错，我们可以不管，直接加一个边框就可以使用；如果采集过来的产品主图不行，我们会去淘宝或者其他的网站找同款做得比较好的图替换；如果找不到好的主图，这个产品即使很不错，我们也不会上新。

推荐流量

从专业角度看，Shopee 的推荐机制类似抖音的推荐机制。

我们在刷抖音的时候，会发现我们关注什么内容比较多，系统就会给我们推荐这方面的内容。因为抖音会给我们打标签，然后给我们推荐同样打了这个标签的内容。

Shopee 也是这样，Shopee 会给我们的店铺打标签，然后把我们推荐给同样打了这个标签的客户。所以我们在做店铺的时候要有规划定位，确定自己要做什么人群的产品以及要做什么样的风格。有了定位，我们就很容易得到 Shopee 的推荐，从而获取到更多的流量。

假设你做女装，如果你把各种风格，各个年龄段的女装都做，那么你会发现你的店铺根本就做不起来。甚至操作一个月都不会有访客，这就是因为标签混乱，让 Shopee 不知道如何推荐你的店铺。

粉丝关注

除了搜索和推荐，还有粉丝关注。粉丝关注类似于微博，当粉丝关注了你之后，粉丝就会收到你的上新推送，如果产品正好是他们需要的，他们就会购买。

刚开始运营，我们的新店很难有自然粉丝增长。我们的做法是刷粉丝，通过手机端 APP 或者电脑端软件主动关注买家，买家看到你的关注之后也会回关你。这是前期我们每天都做的事情，以此来慢慢积累粉丝。

这三点就是做 Shopee 获取流量的三个主要途径，只要做好这三点，你的店铺访客量一定会很不错。

优秀大卖家怎么做 Shopee

有人说："平台就好比一个池子，容量就这么大，中国卖家这么多肯定是承受不住的，早去的人吃肉，稍晚的人喝汤，晚去的人只能干看着还要倒贴成本。"这句话很适用于现在的 Shopee。现在加入 Shopee 还有大展身手的机会，来晚了就什么都没了。

那么，优秀的大卖家是怎么做 Shopee 的呢？

1. 养成时常关注数据的习惯

例如流量数据，其中包括浏览量和访客数等。店铺的营销数据，其中包括营销费用和覆盖用户数等。还有行业数据，其中包括关键词搜索、店铺排名和销售数据等。

因为做好店铺数据统计对运营非常有必要。

2. 重视转化率

设计多款产品模板，测试不同模板的展示数据，采取流量最高的模板作为店铺产品的风格发展方向。

价格的合理设置，高价格的设置会让你在短期内获取极大的利润，但这样的店铺走不远。所以，在确保店铺利润的同时，让利给买家，让卖家和买家达成互相合作、互相信任的关系。

多做促销活动，以比原来低一点的价格回馈新老客户，并且客服要及时通知顾客，促进老客户的回购，加快新客户的下单。

客服时刻保持友好的态度，积极同买家沟通，让买家有好的购物体验，增加复购率。

促销时的活动搭配也极为重要，可以帮助我们留住用户，提高转化率。热销产品是作为吸引用户下单的关键，然后是要将产品的热度以及认可度体现出来，例如月销量过万等等。

利用买家的从众心理，促使交易继续，用直接的优惠信息刺激用户，达到成交的目的。

3. 重视客单价

客单价 = 销售总额（除去打折等优惠之后的钱）÷ 顾客总数。

提高客单价的方法有以下三种。

第一是进行产品关联。例如当买家选中某件裙子时，后台自动推荐合适的上衣、衬衣等单品，从而提高客单价。

第二是利用促销活动。例如满 100 元减 20 元，或者买一送一等促销活动，不仅可以提高客单价，还可以带动人气，提升店铺业绩。

第三是多推荐。买家需要推荐时，我们可以多推荐几个产品，一来方便买家挑选，二来增加提高客单价的可能。

Shopee 大促之前要做的准备

Shopee 各个站点的大促活动非常多，尤其下半年。而且活动对中小卖家也十分友好，许多出单稳定的小卖家都能利用活动爆单。活动期间，中小卖家抓住机会，结合平台的活动做好促销，可以大大提升出单量。

下图是官方给出的数据。

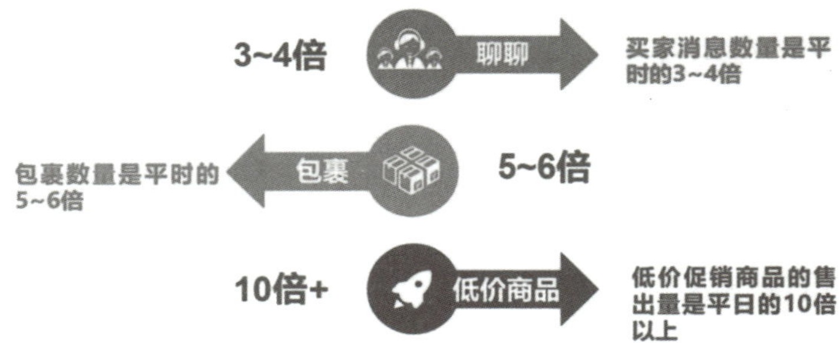

大促期间大部分店铺的流量远超于平日，体现到后台就是我们的聊聊客服、物流包裹和引流低价产品的售出量翻倍增长。

不是所有的店铺都会这样，要具体情况具体分析。有些店铺可能丝毫感觉不到大促的威力，有些精品店铺的出货量却可以翻升几十倍。

那么，我们在大促之前应该要做些什么准备呢?

1. 提早完善商品信息

提早完善商品信息，保证商品信息的完整性和准确性。商品信息包括产品大小、材质和重量；产品的部件数量和内容；产品的适用场景；产品使用注意事项；产品有效期等。

因为大促期间修改产品可能会导致产品审核时间过久，影响产品的权重。虽然客户经理有权限恢复，但是大促业务繁多，客户经理不一定能及时处理。我们尽量在大促前夕，就把店铺重要的引流产品以及热销产品的详情优化到位。

2. 认真检查价格，提前更新库存

产品价格设置：检查低价引流商品的价格是否正确，避免不必要的损失；折扣前避免价格上调，且折扣价应低于原价；越南市场折扣不可大于 50%，设置捆绑销售时，检查好价格，避免出现“买 2 件共 2 元”的情况。

更新产品库存：设置产品的准确库存，保证发货，避免扣分。另外，关键词广告也要配合到位，使热卖品碾压对手，排名前列。

3. 配合活动，优化店铺装修

更换店招，营造大促氛围，设置多梯度店铺优惠券，全面优化店铺，给客户一种全店打折的感觉，刺激客户的购买欲望，提高订单转化率。设置店铺分类，以及置顶自定义分类，比如热卖品专区、折扣专区等。

大家在“双十一”期间看到淘宝页面的各种有满减的店铺都感觉像不要钱似的，会疯狂购物，东南亚年轻人也是如此，因此做好优化非常重要。

4. 安排充足人力应对聊聊

提前对客服人员进行产品及售后流程的培训。安排比平时多两倍的人力应对聊聊中买家的问题，保证店铺聊聊回复率达标，务必在 20 分钟内回复买家咨询。

大促之间，客服工作一定要做到位，及时回复，如果客户没有得到及时的回复，也许就在别的店铺下单了。除了回复客户，客服也要密切关注店铺状况，应对突发情况，调整运营策略。如果大促期间有上新安排，可以采取批量分时段高峰期持续上新，记得用好引流功能，在品类页面占据一定的曝光。

5. 提前准备聊聊回复模板

提前准备好客户经常会问到的问题回复模板，提高客服工作效率。特别是小语种的回复模板，提前设置，可以省时省力。

6. 准备充足人力，保证订单及时发货

一定要和顾客沟通清楚细节，比如是否需要开发票、是否着急发货、运费承担问题和定制产品不能退等，确保能够及时安排发货，不耽误客户需求，同时也不要让自己有损失。

每年年底的“九九”“双十一”“双十二”以及东南亚特有的节日大促活动，都能吸引到不少的流量，平台给卖家的福利政策也在不断更新，鼓舞了卖家的信心，促成双赢。

如何做 Shopee 精品店

Shopee 精品店和淘宝精品店有什么不同呢?

淘宝精品店一般针对一个小的细分市场，做很垂直的产品。比如开一家女装店，店里只卖牛仔裤、只卖 T 恤或者只

卖连衣裙。产品数量一般也比较少，这是淘宝的精品店做法。

在 Shopee 的实际操作过程中，我们是不能这么做的。Shopee 的客户喜欢在一个店内购买多件产品，如果你的店里只有几十条牛仔裤，那么你肯定做不好。尤其是海外店，我们的竞争优势就是品类丰富。所以淘宝的精品店模式，在 Shopee 上行不通。

那么 Shopee 精品店是什么样的运营模式呢?

简单来说，就是针对一个客户群体，做这个客户群体需求的所有产品。我们在 Shopee 上也讲垂直度，但是我们的垂直度不是垂直于品类，而是垂直于人群需求。

举个例子，我们做母婴产品，母婴产品可以划分很多不同人群：孕妇、新生儿、婴幼儿和儿童等等。这几个不同的人群背后对应的需求也不一样。所以，做母婴用品的时候，我们要垂直于人群，比如我们可以垂直于孕妇和新生儿这个人群。

选择了这个人群，店铺就要做孕妇会需要的产品，比如待产包、月子鞋、月子帽、婴儿奶瓶、包屁衣和婴儿洗澡用品等。虽然这些产品有几个类目，但是我们的店却是垂直于人群需求的精品店铺。

假设我们选择了垂直于儿童这个人群，那么我们的产品应该做什么? 可以做儿童玩具、儿童服装、儿童防护和家居日用品等，也垂直于这个人群的需求。当然，儿童是不具备购物能力的，购物行为完全掌控在父母手里，所以我们还要考虑到父母可能会顺带购买什么产品，考虑更多细节。

一定要选择自己熟悉的产品品类或者人群需求来做。因为你不懂产品，不懂人群需求，你根本就不知道要选什么品，选品应该注意什么。

这是做 Shopee 精品店的其中一个方法，实际操作的过程中，我们还会结合 Shopee 前台的数据以及同行的产品进行精准的定位和规划。如果你想获得更多实操信息，欢迎联系我，我会送你一份开店教程。

如何找 Shopee 的货源

利用无货源模式做 Shopee，非常适合刚开始做跨境电商的新手卖家。

无货源模式就是采集国内电商平台的商品信息，经过筛选、翻译和修改等操作后上传到 Shopee 店铺去销售。有国外客户下单后，我们再从对应的国内平台采购商品，它跟淘宝无货源、京东无货源的模式差不多。不同的是产品不是直接到客户手中，而是从进货平台到货代，然后到 Shopee 仓库，最后到达客户手中。

这个运营模式操作起来相对简单，不需要自己打包，只需要付货代的贴单费用，大概 3 元。

那商品从哪儿采购呢？以下提供两个途径供大家参考。

一、直接选择淘宝店铺采购

这种方法特别适合新手卖家刚开始做 Shopee，订单量少，操作也方便省心。当有买家在 Shopee 下单的时候，卖家就可以去淘宝选择对应的商品下单，然后直接寄给货代，之后的打包、贴单任务就由货代完成。然后卖家再按照流程继续操作即可。

优点：产品质量能够得到更多的保证；省了打包的麻烦。

缺点：成本稍高；利润一般；不能很好地把控物流时效性。

二、线上阿里巴巴采购

众所周知，阿里巴巴是全国比较大的网上采购批发平台之一。下单流程跟淘宝店铺购物是一样的。

优点：产品品种多，为卖家提供了更大的选择空间；可以自行控制起拍量，也支持一件代发，给新手卖家提供了便利；有强大的搜索功能，卖家可以货比三家；成本降低了，利润有所提高。

缺点：看不到实物，无法判断商品质量。

因此，我们要注意在选择产品的过程中，先选择几家批发商，让他们发样品来参考比较，以便于做出更好的决策。

方法也很简单，打开阿里巴巴官网，根据自己卖的产品类目寻找合适的货源。

无货源模式非常合适新手跨境电商卖家，风险低，成本低，对卖家的资金要求也低。

再者，Shopee 平台目前规则少且不成熟，卖家少，入驻成本低，对运营的要求也低。无货源铺货的模式真是特别好的选择。

Shopee 到底适不适合跟卖

如果你想在 Shopee 上占有一席之地，就需要更多好的产品吸引买家，保证买家黏性。但很多卖家不知道该怎么选品，于是就想跟卖。

Shopee 到底适不适合跟卖呢？本节我跟大家分享做 Shopee 什么时候可以跟卖，什么时候不可以跟卖。

1. 为什么要跟卖

对于刚入 Shopee 的小卖家来说，最好的选品方式就是跟卖。把同行热卖的产品拿过来重新编辑，再上架到自己的店铺中。但这个方法是否适合每一个中小卖家呢？

不一定。用跟卖的方法来运营，你会有一定的概率把店铺做起来，拥有更多的客户和利润。但也有可能根本做不起来，完全没有访客和流量。

2. 如何进行跟卖

在 Shopee 的搜索框内输入产品关键词“连衣裙”，搜索结果出来后，点击最热销排序，展示结果就是 Shopee 目前热卖的连衣裙，我们可以从里面挑选产品进行跟卖。

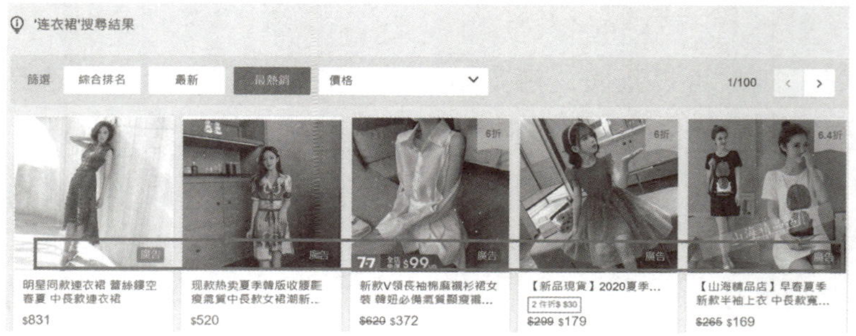

需要注意的是，搜索结果展示出来的第一行，也就是前五个，属于广告展位。我们不必关注广告，直接忽略即可。

3. 什么时候可以跟卖

大致分为两种情况。

第一种情况是热销品的销量不高。比如搜索出来的产品，销量基本都在 100 左右。那么你就可以跟卖，努力把主图、详情和卖点等设计好。因为差距并不是特别大，还有赶超的可能。

第二种情况是热销品的数量已经很多，比如已经有几千件。那么我们不建议跟卖，因为这个产品的市场已经饱和，你很难从中获利。

如果想要跟卖第二种情况，有没有解决办法呢?

有，打价格战。比如同行现在卖 300 台币，卖了 4000 件。如果你想要跟款卖，并且有起色，你的定价至少要比同行低 10% ~ 20%，也就是你要做到 240 ~ 270 台币的售价。并且，你的主图、详情等一定要比他们更好。

4. 跟卖有哪些弊端

既然可以跟卖，那是不是说明我们不需要再自己选品呢？不是的，如果只需要这么简单，那人人都是大卖家了。

跟卖其实存在很大弊端。第一个弊端就是容易陷入价格战，因为你的产品是跟大卖家的，你已经影响了他们的利润，他们就会想尽办法把自己的市场抢回来，最直接的办法就是跟你打价格战。

当你还是一个小卖家，一天只有几单的时候，大卖家无视你，觉得你构不成威胁；当你的销量上升到一个月卖几百件的时候，大卖家就会重视起来。一旦打价格战，他们占有供应链的优势，你毫无还手之力。

5. 除了跟卖还有其他更好的方式吗

有。找爆款属性，根据爆款属性进行选品。这样既不会因为损害了大卖家的利益而让自己被价格战搞死，也能找到符合爆款热销属性的产品。

小卖家刚开始起步，可以适当地跟卖几款产品。记住，一定是几款，而不是全部。这样即使大卖家与你打价格战，你还有退路。

当你已经具备运营经验后，我们建议通过爆款属性来进行选品。这样选出来的产品是安全的，既能保证你的产品利润率，又能保证店铺的长久稳定，这才是做 Shopee 的正道。

第四章 新手必学的推广营销策略

如何打造吸睛标题

你要清楚标题的展示位置和展示的字数，才能把标题的最大价值发挥出来，吸睛标题才能发挥更大的作用。

我们都知道，淘宝的标题是 30 个字，而 Shopee 标题是 60 个字。但是因为以移动端购物为主，所以 Shopee 的标题没有办法完全展示出来，只能看到部分标题。

所以，想要打造一个吸睛的大标题，我们就要把最前面的这 20 多个字利用起来。后面的字对吸引点击的作用不大，目的是为了转化。

制作格式：店铺名字 + 促销词 + 产品词 + 属性词 + 长尾词 + 其他修饰词。从字数推测出，其他修饰词是为了转化，是为了打造一个吸睛的标题。

1. 店铺名

在 Shopee，只要你的产品性价比不错，质量没什么大问题，一般客户都会感到很满意。既然满意，那他们的回购率就会很高。因此，在标题里显示店铺名字，能让他们很容易记住店铺，从而产生复购。

开店准备名字时，一定要洋气、简单以及容易记忆。如果名字很随意，也不方便记忆，那么标题就没必要加上店名了，因为根本起不到作用。

2. 促销词

我们常在实体店看到的促销词“限时折扣”“低价促销”和“大甩卖”等，在 Shopee 上可能不适合，因为叫法不一样。

比如“超高性价比”，适用于淘宝。但是在 Shopee 说的是超高 C/P（Cost Performance，性价比）值。比如“限时清仓”，在中国台湾地区站点叫做“限时出清”。

因此，我们要多去 Shopee 看，把经常用到的促销词整理下来。我们需要用的时候就直接加上去，这属于前期的准备工作。

3. 产品词、属性词和长尾词

这些词汇和我们在淘宝上的用法差别不大。只要说明这是什么产品，什么材质，以及其他的属性，比如“儿童内衣纯棉长袖加厚款”。

按照格式写出来的标题，很容易被点击，因为你已经把促销和产品卖点都展示出来了。只要你的标题描述和你的产品一致，那么效果就会很好。

这就是 Shopee 标题的写作方法，比淘宝的标题要简单很多，但也需要我们下功夫积累词语和优化标题。

如果不优化标题，直接用采集过来的标题可以吗？也可以，不过你要做好上传了产品却没访客，有访客转化却很低的思想准备。

优化标题和没优化标题的店铺产出至少差 5 倍，甚至 10 倍，所以我建议大家用心优化标题。

如何提升图片吸引力

产品优化涉及标题、描述、图片和属性等。但是很多人不重视图片，出现店铺的整体转化率比较低，产品没有竞争力，店铺没有访客等问题。

做过国内电商的卖家应该清楚，淘宝的主图、京东的主图很重要，他们会下大功夫优化主图。但一旦到 Shopee，他们完全就不按照这个思路做，根本不关心主图，这是万万不可取的。

在日常的 Shopee 运营中，我们应该如何优化主图呢?

一、主图优化的“四位一体”方法

做主图并不是做给我们自己看的，是给客户看的。所以客户喜欢，符合客户的需求很重要。如下图，这是中国台湾地区站点的行内案例。

这是一款女性短裤，以大陆的电商经验来说，这张图片做得并不是100%好。但这种图在中国台湾地区站点已经够用了，既展示了产品，也展示了卖点：多色。再配合他们报名的免运费活动，这张主图就没问题。

下面这张图很简洁，就是产品图加上卖点，再加上边框，这也是中国台湾地区站点比较流行的主图形式。这种主图的难度也不大，简单 PS 就能实现。

下面这张图是宠物行业的主图，卖的是狗狗的尿布垫。这是一张接近完美的主图，有产品、卖点、风格和主体。但做这样的主图相对比较麻烦，非专业美工，没有大量的素材库，很难做出这样的图片。

我总结了主图制作的原则，即“四位一体”，有风格、主体、产品和卖点。大卖家做 Shopee 主图按照这个理论来操作，竞争力一定很强。

对于小卖家来说，没有专业美工怎么做主图呢？我们可以借鉴前两张图的风格，简单优化，加个边框，一定要贴近日韩风格。

二、副图如何制作

Shopee 最多可以上传 9 张图片，除了第 1 张是主图外，其他的 8 张都是副图，那么我们应该如何优化副图呢？

副图是对主图的信息补充。比如我们卖一款连衣裙，主图突出了连衣裙的核心卖点——多色，副图就可以补充这个连衣裙的其他卖点，比如材质好、做工好和点缀图案好等。

除了这些，副图还可以增加使用场景、模特图片等，更能够促进买家下单成交。

下面这几张图都是副图的典型案例，可以参考。

展现使用场景

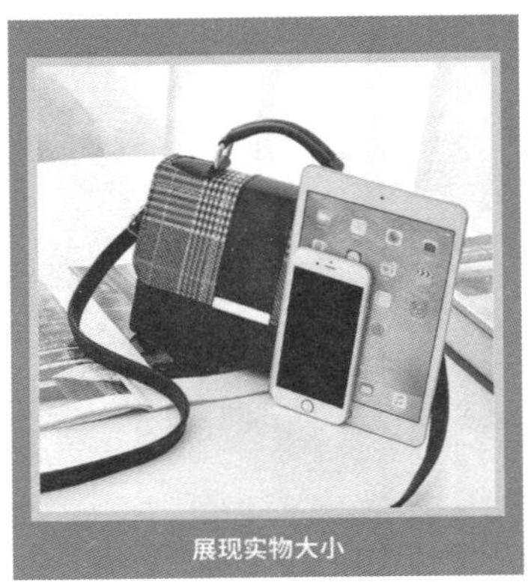
展现实物大小

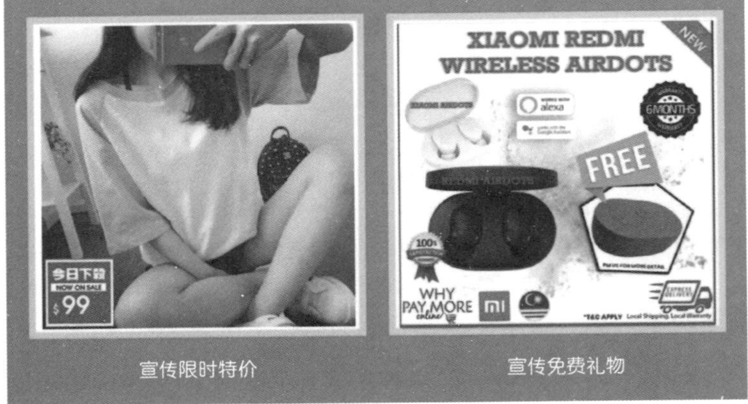

宣传限时特价　宣传免费礼物

中国台湾地区站点的主图和副图一定要认认真真做，你认真做了，就能看到效果；你不认真做，店铺可能就没有流量进来。

那么其他站点主图应该怎么做？我建议其他站点的主图可以在定位好风格后，加个简单的边框。除非你要单独做某一个站点，单独对站点进行选品，否则你都可以按照中国台湾地区站点的“四位一体”方式进行操作。

如何做好 Shopee 店铺的站内推广

做电商，推广是永恒不变的话题。同样，做 Shopee 也需要推广。

Shopee 有哪几种站内推广方式呢？

Shopee 现阶段处于成长期，因此并没有太多成熟的推广方式。目前我们经常用到的是产品置顶、产品关键词广告、产品关联广告以及点粉和持续上新等。

产品置顶是 Shopee 特有的一项功能。

我们在上架一款产品后，在卖家后台“我的产品”里面可以看到这款产品。点击产品右下方的三个点，就会出现下拉菜单，包含“下架”“关键字购买”“关联广告购买”和“点我置顶推广”。点击“点我置顶推广”，就完成产品置顶的流程，置顶的产品会得到 Shopee 的官方推荐，获得更多的推广流量。

但置顶不是无限次的，每个店铺可以置顶 6 个产品，每个产品每次可以置顶 4 小时。也就意味着我们一次可以置顶 6 个产品，每 4 小时可以换一批产品，或者把之前的产品重新再置顶。

我们不建议置顶已经出过单的产品，只建议置顶刚上架的产品。因为有销量的产品很可能因为置顶导致权重下降，得不偿失。

还有其他的站内推广方式吗？有，比如类目。

我们在选品上侧重性价比高的潮流产品，及时掌握热卖产品并进行上架销售。根据目标客户群选品，60% ~ 70% 的用户均为年轻女性，她们关注性价比高的潮流产品，比如流行鞋服、美妆保健、母婴用品、手表配饰、家居装饰、男性服饰等。

同时，我们可以做好站内的搜索引流，即优化标题。

Shopee 新手如何避免店铺被扣分

Shopee 是一个细节比较多的电商平台，稍不注意，你可能就会因为一个细导致店铺扣分。

作为一个新手，在做 Shopee 之前要了解清楚这个平台的规则。哪些规则容易违规？应该如何避免？

订单未完成率

简单来说，就是客户已经在你这里下单付款了（包含已经付款和货到付款），但因为你的原因，订单取消了或者出现了质量问题，客户申请退款了，那么你的这个订单就会算在订单未完成率里。

订单未完成率怎么计算？订单未完成率 = 未完成订单 /（未完成订单 + 净订单）。现在的规则是计算前 7 天的数据。

比如前 7 天一共出了 10 个订单，其中有 2 个订单因为你的原因取消了，那么你的取消订单数就是 2，净订单数是 8，订单未完成率是 20%。

Shopee 规定，订单未完成率不能超过 10%，超过了则扣 1 分。

违反上架规则

凡是因为卡通侵权或者品牌侵权的店铺，Shopee 都会进行扣分。

另外，违反上架规则还包括重复上架：同公司的店铺重复铺货或者多个店铺重复铺货。

店铺上传违禁品也会扣分，情节严重的直接被冻结账户。

延迟发货率

延迟发货率就是店铺发货慢。Shopee 的出货并不是以你的实际点击为准，而是在你的产品到达了中转仓，并且扫描的那一刻为准。Shopee 要求发货时间是 DTS（物流时效）+2。如果你没有在这个期间发货，那么 Shopee 也会计算你的延迟出货率，违反了标准的店铺会被扣 1 分。

Shopee 卖家如何做海外仓

有部分做得比较好的大卖家，因为出单量比较大，综合下来每年运费比较高，于是想发展海外仓和本地店。那么，什么是海外仓？是不是谁都适合做海外仓呢？做海外仓需要什么资质？

一、什么是海外仓

海外仓指的是在境外当地设立仓库，卖家批量备货到海外仓，从而实现本地销售及实现高效率尾程配送的物流方式。

二、海外仓的操作流程

（1）申请：优质的卖家会收到海外仓入仓邀请，不是优质卖家的可以自行报名申请；

（2）报备：审核通过后，和客户经理报备需要报海外仓的商品；

（3）备货：报备通过后，卖家开始备货；

（4）物流：找到合适的物流商，空运价格贵，时长大约需要一周，海运价格一般，需要 15 ~ 20 天；

（5）反馈：填写客户经理给的表格，表格通过后，得到反馈的订单号；

（6）发货：把海外仓的货贴标签，并装箱（一箱控制在 5 个 SKU 以内，每个 SKU 用袋子分隔开），装箱之后贴仓单，就可以发货了。

注意：海外仓店铺都是新店铺，老店铺不可参加。

三、跨境卖家与海外仓卖家

（1）产品要求：跨境卖家选品的要求低，海外仓选品要求高；

（2）仓储成本：跨境卖家仓储成本较低，海外仓成本过高，仓储压力大；

（3）资金要求：跨境卖家资金要求低，海外仓备货量大，要求资金投入大；

（4）物流时效与费用：跨境卖家物流时效慢，费用高，海外仓物流时效快，费用低；

（5）平台扶持：平台给海外仓流量扶持，有活动资源，客服和售后都不用自己处理。

四、海外仓的优势

（1）发货快：下单后 10 小时内完成出货，全年无休；

（2）配送快：部分地区可当日达，其他地区平均 2 ~ 3 天即可抵达；

（3）降低运费成本：减免运费，降低成本；

（4）损失率低：损失率几乎为 0；

（5）售后无忧：海外仓退货商品不用处理，退货商品审核通过后，允许二次销售；

（6）免费曝光资源：本地客户经理提供限时秒杀位资源和首页曝光资源，强势引流，免运促销。

五、哪些卖家适合报名海外仓

（1）店铺产品运输成本较高的卖家；

（2）希望开本地店铺的卖家；

（3）希望获得更多免费曝光资源的卖家。

注意：新卖家只有通过店铺孵化期才能报名海外仓。

六、报名后的准备工作

报名后 2 ~ 3 个工作日会收到 Shopee 的回复，审核通过后，结合自己的货源优势，选好海外仓的商品。

另外，泰国站点还需要卖家提前准备护照复印件、收件人身份证正反面照片和对公银行或者私人银行的证明。

注意：一个站点最多开一个海外仓店，正确填写产品表格，以免因为重复刊登而扣分。

七、海外仓如何签署合同

除泰国站点外，其他站点由客户经理协助完成，需要 5 ~ 7 天。泰国站点则需要由 Shopee 把合同邮寄到当地法务，需要 7 ~ 15 天完成。

八、可以通过海外仓店铺对 SLS 店铺引流吗

可以。Shopee 有个功能“shop in shop”，我们可以利用这个功能，通过在店铺首页的横幅广告中放入 SLS 店铺的产品，达到对 SLS 店铺引流的目的。

总结

海外仓适合那些已经做过一段时间跨境店，有供应链优势，并且店内有爆款的卖家。

中小卖家更适合做跨境卖家，如果没有供应链优势和庞

大的资金支撑，很难做好海外仓。除非你的选品能力特别强，能选到符合当地市场的产品。

如何转化加购、收藏的买家

如下图，这个卖家的店 30 天加购件数有 5000 件，如果一个都转化不出来很可惜。如果能够转化 1%，按照客单价 600 台币计算，一个月能多卖几万台币。

商品指標

瀏覽數	不重複訪客數 2,254 Vs 前 30 天 -16.02% ↓	頁面瀏覽數 7,918 Vs 前 30 天 -14.74% ↓	被瀏覽商品數 641 Vs 前 30 天 -2.58% ↓
	商品頁面跳出率 50.67% Vs 前 30 天 -2.32% ↓	商品按讚數 108 Vs 前 30 天 -9.24% ↓	
加入購物車	銷售件數 5,049 Vs 前 30 天 -25.27% ↓	加入購物車轉換率 14.51% Vs 前 30 天 1.73% ↑	

想要解决这个问题，首先要清楚造成客户只加购不购买的原因。

1. 定价偏高

东南亚客户对价格非常敏感。如果你的定价比同行其他卖家高，就算客户能够搜索到你，觉得产品不错，放进购物车，客户也可能在决定购买的前一刻，看到另一家比你更便宜的店而放弃你的产品，那么这个客户就流失了。

所以，定价很关键。如果你的店铺出现了访客多，收藏多但是转化偏低的问题，基本就是定价的问题。

2. 产品或者店铺本身存在让客户疑虑的点

在什么情况下，客户想购买你的产品但是心里还有一些犹豫？

一是你的产品存在问题你还没解决，然后给你的产品留下不好的评价，比如产品出现包装问题、质量问题；二是你的店铺评分低或者你的聊聊回应率很低，客户觉得你不专业，在你这里购买有风险。

出现了这种情况，我们应该如何调整，运用什么样的策略来挽回呢？

针对定价偏高的问题，有两种解决办法：

第一种解决办法：设置优惠券。比如你的产品价格比同行高，那么你就可以针对产品设置产品优惠券，来弥补价格差异。客户领券后会刺激客户消费。但是设置优惠券相对麻烦，因为你要针对每一个产品进行设置。

第二种解决方法：降低折扣。比如原本是 50% 的折扣，现在修改为 40% 的折扣。这个方法也有一定弊端，比如某款产品原本在同行的定价里利润就比较低，你通过修改折扣后，很可能出现亏损情况，因此也要注意避免出现这种情况。

针对客户疑虑的问题，只能自己多留意。一旦发现评价低的情况，卖家要主动联系客户修改。Shopee 的客户比较好沟通，你只要帮他解决了问题，给点小优惠，他就愿意帮助你修改评价。修改期限是客户做出评价的一个月内，时间还是很宽裕的。

还有聊聊回应率的问题，Shopee 规定 12 个小时内没回复客户的消息，就会计入回应率。所以，卖家要尽可能地在12 个小时内回复客户的问题。

如果店铺目前的回应率已经很低了，那么可以找几个同行互相聊天，第二天就能把聊聊回应率刷上来。

这些细节做好后，收藏、加购商品的转化率会有很大提升，店铺整体的转化率也会提升不少。所以，做 Shopee 必须要注意细节，谁的细节做得好，谁就能够从众多的店铺中脱颖而出。

Shopee 关键字广告的玩法

关键字广告会在 Shopee 搜索结果页面中较为显眼的位置展示，能够帮助买家搜索到你的商品进行购买。

为何要使用关键字广告

（1）增加曝光度。在买家最有可能看到的地方展示“我的广告”，例如在搜索结果的最上面。

（2）增加销售量。通过广告版位，更广泛地触及透过关键字搜索商品的潜在买家。

（3）控制支出。透过设定预算以及你希望为每次点击的单次点击出价控制你的广告支出。

如何设计关键字广告

（1）选择“我要推广的商品”，在开始前确保商品的标题、图片以及详情已经更新。

（2）选择与商品相关的关键字，可以使用 Shopee 推荐的关键字，也可以自己增加关键字。

（3）为每个关键字设定单次点击价格，单次点击价格是卖家愿意为广告每次点击支付的最高金额。

（4）设定广告预算与持续时间。

关键字广告如何收费

当买家点击广告时才会收取费用，费用将会从我们的广告储值金中扣除。为了保障卖家，Shopee 系统自动侦测无效的点击，例如来自同一用户的重复点击，系统不会扣费。

关键字广告如何排序

当多个卖家购买相同的关键字广告，其他人的广告可能会展示在我们的广告旁边。我们自己的广告位置取决于我们广告的排名分数，较高的广告排名分数可以拿到更好的广告位置。

广告分数受两个因素的影响，即单次点击价格和广告品质分数。

出价越高，我们的广告排名分数就越高。实际收取的价格通常低于我们的出价，因为系统会计算并收取我们维持广告位置所需要支付的最低金额。而品质分数取决于商品与所选关键字的关联性，关联性越高，你的品质分数也就越高。

关键字广告出现的位置

在移动端设备上，关键字广告在搜索结果页中显示为前2个产品，之后每3个产品后显示1个广告。

在电脑网页版中，关键字广告会出现在搜索界面的前5个和最后5个。

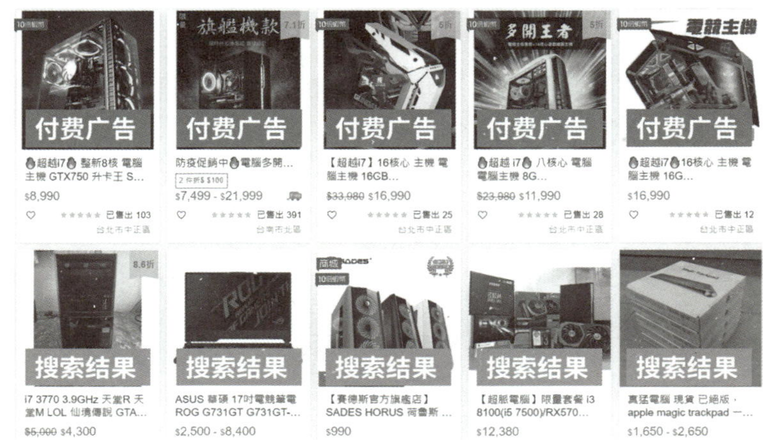

这就是 Shopee 关键字广告的基本玩法，在选择产品推广的时候，我们尽可能选择有潜力的产品进行推广，或者用来测款，不要随意推广，避免造成不必要的损失。

做 Shopee 容易踩到的七个雷区

虽然 Shopee 是一个蓝海平台，没有太多太复杂的规则。但也不是完全没有。

1. 店铺关联

淘宝存在店铺 IP 关联，意思是用同一个 IP 开两家同类目的店铺，这就属于重复开店。店铺 IP 关联导致店铺权重低，还可能会被封店。

2019 年 5 月开始，Shopee 开始查关联店铺了，一些多店运营的卖家整天心惊胆战，担心自己被查。

后来我们跟 Shopee 高层核实过，关联店铺被查只有两种情况：一种是同一个 IP 下运营多家不同营业执照的 Shopee 店铺；第二种是用相同资料注册了不同的店，比如一个法人用了两套执照注册了店铺，这种情况 100% 会被查。

不过，查 IP 关联仅仅针对 3 个月内的新店，所以这个情况比较好规避。新店可直接区隔 IP，或者直接用 VPS（Virtual Private Server，虚拟专用服务器）登录就完全可以避免了。

2. 产品禁卖下架

相信很多卖家遇到过这些问题：产品无缘无故被下架，刚上架的产品就显示审核，一连几天都没审核通过。为什么会出现这些情况呢?

第一个原因就是品类放错。比如女性的连衣裙放到了男装类目，这种情况第一次被发现就是下架商品，再发现就是扣分。如果还是修改不对，那么就继续下架和扣分。所以类目一定不要放错，也不要想着通过错放类目来规避禁售。

另外一个原因就是产品重复刊登。重复刊登又分为两种情况：第一种是同一个卖家在相同的店铺内重复刊登，比如一双鞋子在店铺内上架了两次。下架商品扣一分，严重违规扣两分。

第二种就是不同的卖家在不同的店铺内上传了同一款产品，比如 A 卖家 12 月 1 日上传了 A 产品，B 卖家在 12 月 2 日也上传了 A 产品，那么 B 卖家就是重复刊登，产品会被下架扣分。

如何规避商品重复刊登呢?

修改商品的关键信息、标题、描述和图片等，修改之后更新图片链接，就不会存在重复刊登的问题了。

3. 误导性定价

卖家设置过高或者过低的价格，赢取更多的曝光量，但并不会真正卖出陈列商品的行为，就叫误导性定价。商品附件不应该被单独列出，而是应当和商品一起作为同款但不同属性的商品。

平台处理方法：商品被直接删除并扣分。

例如销售手机套组，手机（价值 750 美元）和手机壳（价值 10 美元）， 错误的做法：手机壳卖 750 美元，手机卖 10 美元。

4. 产品中包含了太多无关关键词

为了防止卖家滥用关键词误导搜索，影响买家的浏览体验，Shopee 会通知卖家重新编辑商品。若再次质检不合格，商品将会被删除。

小语种站点更加要注意。翻译软件把中文翻译成小语种，比如泰语，很容易出现无关关键字，这是因为翻译软件翻译不精确，建议不懂小语种的卖家直接用英语上架商品。

5. 上架了禁售产品

Shopee 跨境卖家禁售商品：各个国家和地区不允许在网上销售的产品；各个国家和地区仅允许持有当地营业执照才能销售的产品；各个国家和地区因海关原因禁止销售的产品。

平台处理方式：商品被直接删除并扣分。

6. 导流外网链接

卖家在图片中刊登 QQ 号、二维码或者其他任何外部网站的链接，将买家导向 Shopee 之外交易平台的行为。

做一件代发的卖家最容易出现这种情况，因为 1688 很多图片都包含了水印和其他信息，所以在优化图片的时候一定要处理好。

7. 虚假的促销价格

在促销活动前的一段时间内，如果店家故意提高促销商品价格将会被平台警告，情节严重者，涨价商品将会被删除。若卖家设置的商品折扣价格高于商品的原价，该商品也将会被删除。

因此，产品优化要一次性做好，上架了就尽量不再改动。

以上七点是我们做 Shopee 最经常遇到的雷区，卖家要尽量规避，避免因为一些小失误导致店铺没办法正常运营。

Shopee 一店通

据某中国台湾地区站卖家数据反馈，自 2019 年 5 月开通了 Shopee 一店通功能后，其店铺单量在 2019 年 6 月增速高达 400%，轻松日出千单。关键是还不用花钱、花精力，只需做好供应链管理。

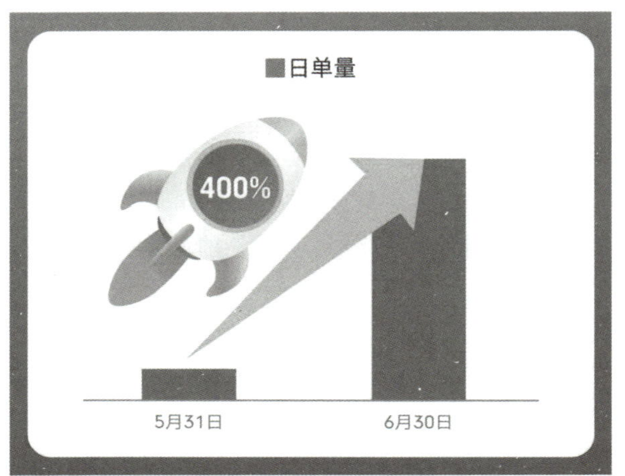

为了帮助卖家在019年的旺季提高单量，Shopee推出“旺季多级火箭计划”，打造系列“单量推进器”。首先是一级火箭SLS全新升级降价最高达33%，跨境卖家店铺单量暴涨最多达60%。接着是二级火箭Shopee一店通蓄势待发，让店铺单量暴涨400%。

Shopee一店通（Shopee International Platform，简称SIP）旨在为卖家提供快捷、高效、安全的东南亚跨境电商一站式解决方案，为客户提供全平台化服务。

目前Shopee一店通已开通中国台湾地区站点服务，卖家上线Shopee中国台湾地区站点后，无须申请即可直接开通其他六大站点服务。免去烦琐申请手续，简单快捷，轻松开店。

Shopee一店通五大服务直击卖家运营痛点。

1. 语言

商品信息自动翻译同步到其他站点，智能语言本地化，不仅能帮助卖家节省时间，还能节约翻译费用。顾客沟通问题将由 Shopee 专业语言专家负责，消除语言沟通障碍。

2. 人力

开通 Shopee 一店通后，其他站点将由 Shopee 帮卖家代运营，负责商品管理、行销活动等一系列流程，为卖家节省宝贵的时间和精力。卖家仅需负责商品出货服务。

3. 配送

开通 Shopee 一店通，卖家可以使用 SLS，只需将订单中的商品按时发送至 Shopee 转运仓，SLS 网络将会帮您又好又快送货至顾客手中。

4. 运营

Shopee 各大站点专业团队掌握海量当地市场资讯，将帮助卖家迎合当地特点装修美化店铺，设计促销活动。每周为卖家提供选品建议及运营资讯，帮助卖家深入了解市场，精准上架商品，轻松打造爆款。

5. 免费

目前 Shopee 一店通项目无须申请，也不会以任何形式收取卖家任何额外费用，每笔订单仅需缴纳相应交易手续费和佣金即可。

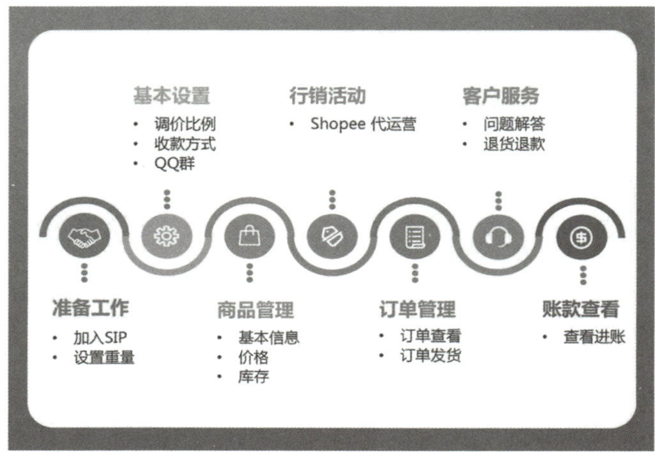

商品管理，信息同步

（1）基本信息：包括商品标题、描述、分类、重量和配送方式等，系统将直接同步或自动翻译成当地语言。

（2）商品库存：保障中国台湾地区站点在库存充足的情况下，由 Shopee 分配各个站点的库存。

（3）商品价格：在非中国台湾地区站点会根据调价比例、商品藏价等因素进行调整，并自动按照最新汇率转换为当地货币。

注意：商品信息在中国台湾地区站点的每一次更新，会同步并影响到非中国台湾地区站点的信息展示。

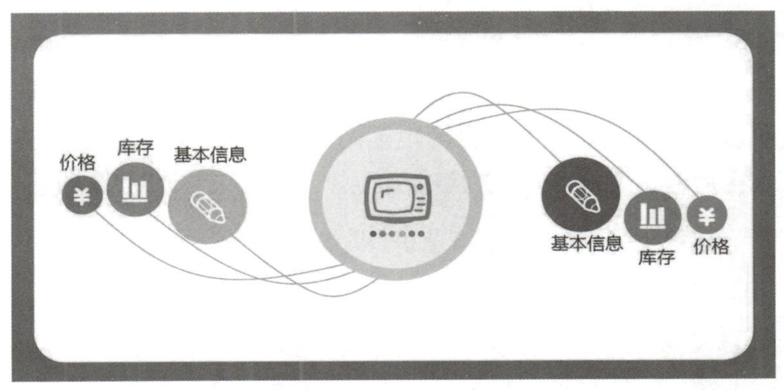

价格管理，单价调整

非中国台湾地区站点的结算单价计算方式：

结算单价（TWD）=（商品中国台湾地区售价 - 中国台湾地区藏价）× 调价比例

除上述提到的调价比例，另一个决定结算单价的因素是（商品中国台湾地区售价 - 中国台湾地区藏价），即净售价（Net Price）。卖家可以自行设置中国台湾地区售价，中国台湾地区藏价由商品重量决定。

卖家可以在商品编辑页面编辑中国台湾地区售价（价格），或者查看净售价。

订单管理，出货掌控

在后台点开“我的销售”，选择对应站点，按照中国台湾地区站相同的操作，点击“产生寄件编号”，打印面单，并贴到发往 Shopee 仓库的包裹上，即可轻松出货。

收入管理，账款查看

进入“我的进账”，卖家可以查看每一个站点，每笔订单的具体款项。非中国台湾地区站点的进账会通过中国台湾地区后台设置的账户打款给卖家。

订单收入 = 商品结算单价 × 商品数量 – 成交手续费 – 信用卡手续费

卖家的收入不会受到 Shopee 在非中国台湾地区站点设置活动或折扣的影响。开通了此功能的其他卖家也好评不断。

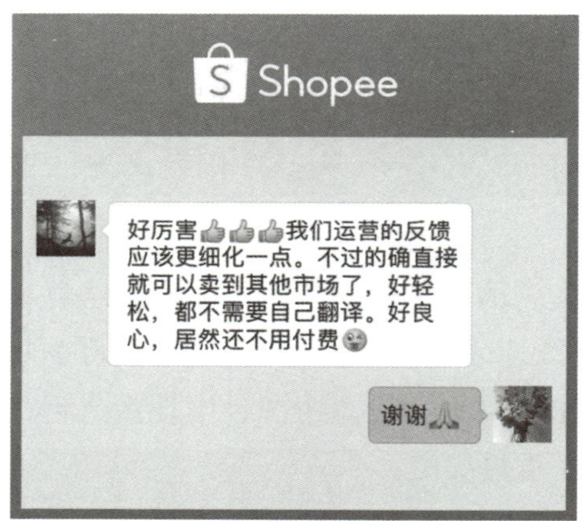

Shopee 卖家由小到大的必经之路

新手做 Shopee 或多或少会存在一些疑惑，容易迷茫。主要是因为对平台、对操作流程只有宏观的认知，走一步看一步的做法是行不通的。

一、店铺启动阶段

从店铺上传第一个产品开始，Shopee 就默认我们的店铺是已经激活，正式运营的状态。后期我们的店铺会经过孵化期、成长期、成熟期、维持期和瓶颈突破期。

孵化期：孵化期就是店铺操作的前三个月，这个阶段 Shopee 会给我们活动、免佣金等优惠政策，帮助我们运营店铺。对新手卖家来说，这个阶段基本就是一个人操作一家店。主要的问题是店铺定位、选品以及日常的运营维护。一般在孵化期结束时，我们的店铺可以做到每天稳定出 5 ~ 10 单。

成长期：我们通过三个月的孵化期，被分配到 Shopee 的中小卖家或者大卖家行列，成了一个合格的 Shopee 卖家。这个时候我们的店铺订单量会维持在每天 10 单以上，出现店铺小爆款，也会获取到平台更多的活动资源扶持。

成熟期：这个阶段，我们不再关注产品的情况，而是考虑整个店铺的运营情况，比如客单价、转化率、回购率和广告投放等。

瓶颈突破期：按照我们给的建议和参考做店铺，一般不会遇到瓶颈期，因为我们现在处于抢占市场的阶段。店铺一般达到成熟期，我们就会开始运营新的店铺。如果真的遇到瓶颈期，我们也有相对应的解决办法。

二、店铺的四个发展阶段

我们操作店铺会经历从单人单店到单人多店，再到多人多店，最后是规模化团队操作的四个发展阶段，由一个小卖家慢慢变成一个大卖家，最后变成团队卖家。

单人单店模式：我们刚开始做 Shopee 是单人单店模式，首个站点我们一般选择中国台湾地区站点或者马来西亚站点，挑选自己熟悉的品类来做。

单人多店模式：当我们的第一家店顺利通过孵化期，我们也有足够的精力开第二家店，那么我们就会进入单人多店模式。单人多店没必要准备新的资料，因为我们一套资料最多可以开 21 家店。第二个站点可以开中国台湾地区站点或者马来西亚站点，第三个站点可以开泰国站点或者印度尼西亚站点。当然因为客户经理的不同要求，你只能按照他的要求来开通。

多人多店模式：按照一个人的精力，一个人就算全职做，最多也就可以开 3 套店，也就是 21 家店。超过这 3 套店，我们就需要找人协助运营。比如找身边的朋友或者家人帮助优化产品，这就属于多人多店的阶段。

我不建议大家在这个阶段盲目扩张，比如直接招聘人来做。因为单人做和招人来做完全不一样，管理不善可能会降低工作效率，降低自己的利润率，甚至可能会把店做倒闭，这个阶段适合与身边知根知底的人一起合作。

规模化团队操作模式：这也是我们目前的操作模式，我们现在有百人团队在做 Shopee 这个项目，差不多有 300 多家店铺。

团队做和个人做完全不一样，团队做，效率会降低，不建议大家盲目扩张。

三、思维方法要进行改变

运营思路的改变，最基本的就是抛弃国内电商的数据思维，因为 Shopee 上没有太多的数据供我们参考，我们要做的是在前人的经验总结上认真操作。

我们新手做 Shopee，一定不要盲目，要有规划。既要在前人的基础上学习他们的经验，总结自己的思维方式，又要学习他们的操作细节，并按照这些严格地操作执行。Shopee 前三个月可能会很枯燥、很辛苦，但是过了前三个月，你就会觉得一切付出都值得。

Shopee 关联广告的基本玩法

关联广告是 Shopee 目前仍然在测试的广告投放形式。使用关联广告可以让我们的商品曝光。

广告会被投放在 Shopee 所推荐的产品中，比如客户浏览了一款和广告类似的产品，那么被投放的产品就会出现在这个产品的详情页下方相似产品中，如下图所示。

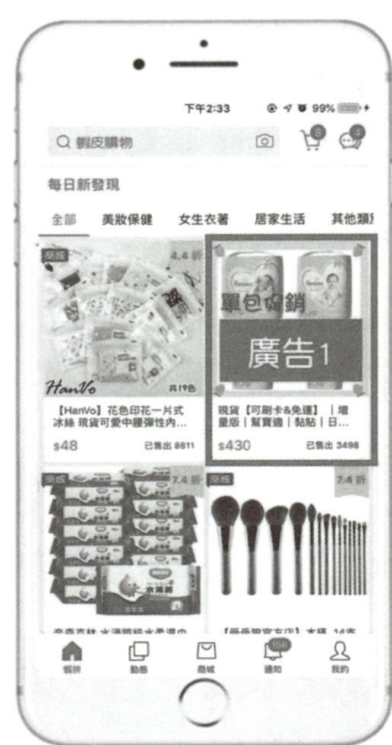

（关联广告投放位置）

知道了什么是关联广告后，接下来就是做关联广告投放。

进入卖家后台，左侧可以看到“我的行销活动”，行销活动下面的第二个就是“我的广告”，点击“我的广告”进入广告页面。

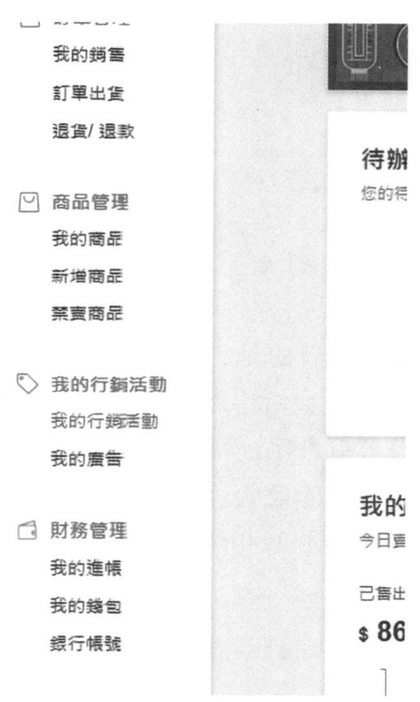

进入广告后台，我们可以看到“关键词广告”和“关联广告”两个入口，点击“关联广告”，进入设置界面。

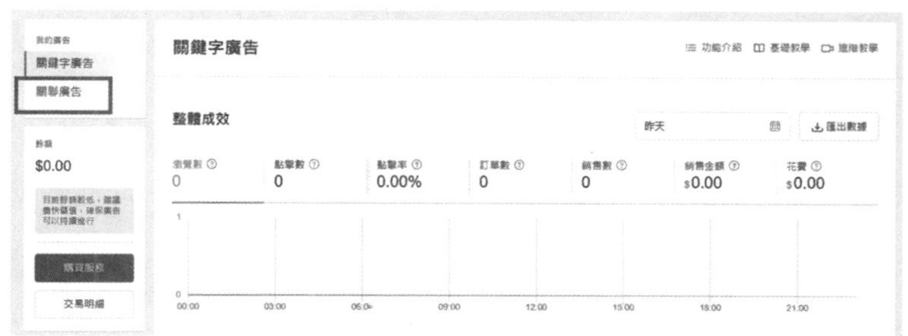

在这个界面，点击新增关联广告，系统就会弹出产品界面。我们最多可以选择 10 个产品进行推广，选好要推广的产品后点击确定，进入广告费设置页面。

1 設定關聯廣告

已選擇10個商品。

大量編輯點擊出價　大量編輯預算　大量編輯廣告期間

選擇本頁全部商品　點擊出價　預算

$32.00　$ 1.09 單次點擊　無限制

推薦價格 $1.09

在这个界面要设置的是“点击出价”“预算”和“广告时间”。一般 Shopee 会给“点击出价”一个参考值，不过我们不建议按照参考值设定，新的产品建议按照最低价格进行设置。比如关联广告的最低点击出价为 1 台币，我们就按照 1 台币来设置，每天限制 50 点击来测试几天的数据，然后再根据数据进行调整。

设置好这一步，我们点击确认，进入下一步，设定广告曝光位置。

Shopee 给了三个可供选择的曝光位置，分别是商品详情页的相似产品，首页的每日新发现以及商品详情页面的猜你喜欢。同时，我们可以在这个页面设置曝光加权比，后期再调整。新的广告计划暂时不设定加权比，后期根据每个位置的数据进行适当调整。

这些都设置好，点击确认，关联广告就设置好了。按照这个设置测试几天。为了保证成功率，在设置产品时，我们如何挑选出最可能成功的产品呢？有以下几个判断标准：

1. 销量

选择销量高且有潜力的产品，例如促销品。而且这些产品一定不能有中、差评，否则会影响广告效果。

2. 利润率

广告追求的是投产比，所以投放的产品利润率不仅要能够覆盖广告成本，还要有利润可以赚才行。

在投放的过程中，可能还会遇到一些问题，比如为何关联的广告曝光数偏少？我们没必要在测试期间过于在意这种情况，测试期间我们就是测试数据和测款。哪一款好，我们后期重点推。对于重点推的产品，如果出现曝光量少的情况，我们只要适当调整点击出价就可以了。

如何处理买家退货、退款或不取货

做跨境电商最担心的两个问题就是售后处理，以及如果客户不取货应该如何解决。因为客户不取货，我们基本处于被动状态，货也拿不回来，钱也拿不到。以下三种情况需要注意。

第一种情况是客户下单后，我们还没出货，客户就直接取消了订单。这种情况对我们来说完全没有影响，因为我们还没有出货，所以客户直接取消我们也不用在意。一般这种情况，我不太建议去追问客户，因为他取消的最大的原因就是找到了更便宜的货。

第二种情况就是我们已经出货了，客户却申请退货退款。这个时候，Shopee 系统不会自动同意，而是需要我们卖家进行确认才行。

遇到这种情况我们该怎么解决呢？首先我们要确认货是不是已经送到了中转仓，是不是扫描了。如果还没送到中转仓，或者已经送到中转仓，但是还没有扫描，也可以直接同意取消订单，你的产品会以到付的形式寄回你后台的默认地址，产品可以拿回来，但是要损失一些运费。不要拒收，因为拒收会被拉黑，就会出很多问题。

还有一种糟糕的情况，就是你的产品已经被扫描了，但买家申请退货退款。我们不能直接同意，因为一旦同意了，钱和货就都没了。遇到这种情况，要第一时间联系买家，确认退货退款的原因，说明我们的货已经发出去了，退货退款我们就会损失。说明情况后，买家一般会撤销。遇到顽固的买家，我们可以送优惠券，甚至可以告诉他们，我们要追究法律责任。

除了解决问题，我们还要考虑如何避免出现这类问题。我们的做法是看客户的取货率，如果客户的取货率小于95%，那么我们会直接联系客户，与他确认是不是真的要，会不会取货，之前那么多货未取的原因是什么，确认好了之后才会出货。高于 95% 取货率的买家买的商品，我们可以直接出货。

如果客户收到了产品后感觉产品不满意，想要退货退款要怎么解决?

首先，我们要了解退货退款的政策:

（1）商品价值小于 20 美金，卖家同意退款，如果买家需要退货则需要买卖双方自行协商（包括退回方式以及退回运费）。

（2）商品价值大于等于 20 美金，买家提出退款申请，有以下两种情况。

①卖家同意退款且无须退货，则直接退款给买家，无须进入争议。

②卖家同意退款但需要退货，请拒绝退款申请，进入争议流程。争议判决后，点击“同意退款，但没有收到货”，请卖家在争议结果出来后的 3 天内回复是否需要商品退回。如果不需要，仓库会默认销毁；如果需要，支付每笔 8 美金的

处理费用。超过 3 天未回复，则默认不需要退回。

简单理解就是小于 20 美金的订单退不回来，大于 20 美金的订单你需要出 8 美金运费，这仅仅是跨境运费，还有国内部分的运费，最终需要付差不多 10 美金以上的运费。很不划算，怎么办呢?

我们的解决办法就是和买家协商，要么送优惠券，要么直接把货送给买家，让他给好评，促进他再来下单。这样不仅赚了一个好评，而且还促使他再次下单，减少了损失。

超过退货保证期如何退货

Shopee 决定自 2019 年 5 月 13 日起，对于超过退货保证期，买家发起的退货退款订单将按照以下方法处理。

买家如果超过退货保证期，想要发起退货退款需要提供充足的证据。各站点超过退货保证期可申请退货退款的买家条件如下:

若买家提出退货退款后 2 天内，卖家没有回复买家的需求，且退货退款的商品价值等于或低于 5 美金，Shopee 当地客服将直接退款给买家。

站点	买家超过退货保证期申请退货退款条件
新加坡 / 马来西亚	只接受超过退货保证期 90 天内，且第一次超过退货保证期发起退货退款的买家
越南	只接受假货或仿品等超过退货保证期的退货退款
菲律宾	只接受超过退货保证期 24 小时内的退货退货
泰国 / 印尼	买家直接与卖家沟通，当买家联系不到卖家或有强烈的退货退款需求，客服会介入处理
中国台湾	只接受超过退货保质期 7 天内的退货退款

若买家提出退货退款后 2 天内，卖家没有回复买家的需求，且退货退款的商品价值高于 5 美金，Shopee 深圳跨境客服会尝试联系卖家。若在 Shopee 深圳跨境客服联系卖家起 2 天内，卖家仍没有答复，将会默认卖家接受退货退款；若在 Shopee 深圳跨境客服联系卖家起 2 天内，卖家给出答复，将根据卖家答复结果按照退货退款流程处理。

“销售漏斗”和“商品诊断”

Shopee 卖家中心有一个“我的数据”模块，该模块含有店铺和商品维度的各项运营指标，是卖家全面直观了解店铺情况的强力武器。“我的数据”在持续更新中，推出各式新功能助力卖家分析，比如销售概述模块和销售结构模块帮助卖家快速调整营销策略。

学会如何用“我的数据”中的“销售漏斗”与“商品诊断”非常重要，它会让你提高转化率，订单量大幅提升。

“销售漏斗”提升转化

转化率一般是指“访问（访客数）”至“已确定订单”的转化率，但在这个过程中，还有两个转化率需要大家关注：①“访问”至“已下订单”转化率；②“已下订单”至“已确定订单”转化率。当发现整体转化率较低时，卖家可通过拆解为这两部分来寻找问题根源。

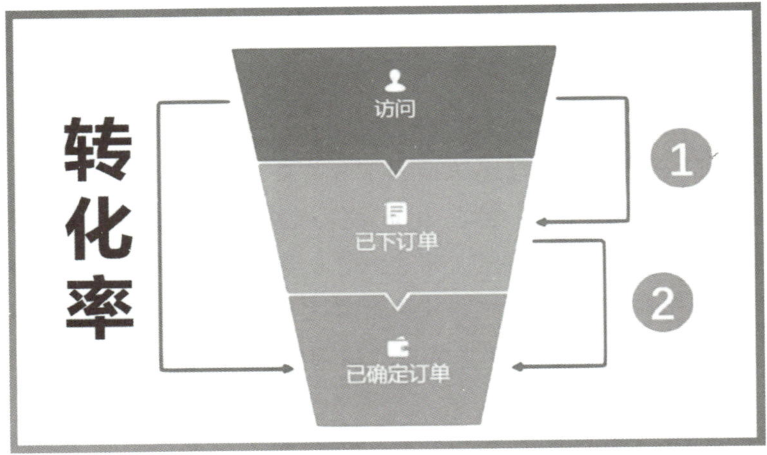

卖家可登录“卖家中心”，选择“我的数据”——“销售”——选择“概述”，即可按照下单的三个阶段（①访问②已下订单③已确定订单 / 已付款订单），查看不同阶段之间的转化率，同时查看每个阶段对应的关键指标。

1. 提升“访问”至“已下订单”转化率

“访问”至“已下订单”转化率 = 已下订单的买家数 ÷ 访客数

卖家如果发现店铺“访问”至“已下订单”转化率较低，说明大多数买家浏览商品后不愿意下单。

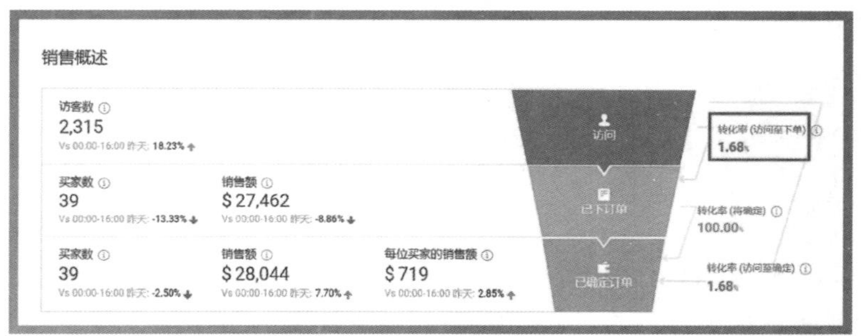

面对这种情况，卖家需要分析可能存在的问题，并针对性解决。

（1）商品描述问题：描述不完善，如无尺码情况。

解决措施：完善商品描述，首先，快速输出商品卖点及优势，其次，提供详细的产品信息。在此基础上，卖家可补充包装商品详情与常见问题解答。逻辑清晰、信息详尽的商品描述，让买家打消顾虑，快速下单。

（2）商品图片问题：图片不精美，无法引发购买欲。

解决措施：添加更多优质图片，使商品列表更具吸引力。在视觉上，用高颜值吸引买家注意力；在信息传递上，对买家造成信息冲击。

（3）店铺分类问题：分类混乱，点击对应分类后找到的商品不符合买家预期。

解决措施：店铺分类要准确，如 3C 配件店铺勿把数据线分类至手机壳类；店铺分类要干净，不能存在多个相同商品的分类。

（4）店铺价格问题：商品哪都好，无奈价格偏高。

解决措施：卖家提供更具竞争力的价格之余，可设置优惠券适当让利，高效促单。卖家可多参与平台活动，如免运费活动，为买家提供更多实惠。

（5）店铺评分问题：买家对商品很心动，可惜店铺评分很低。

解决措施：卖家需要持之以恒地维护商品好评率和店铺评分，这条路没有捷径，潜藏在日常运营的每个细节里。

2. 提升“已下订单”至“已确定订单”转化率

“已下订单”至“已确定订单”转化率 = 已确定订单的买家数 ÷ 已下订单的买家数

店铺“已下订单”至“已确定订单”的转化率一般须在 90% 以上，该部分转化率低即说明买家已经提交订单了，但未付款。

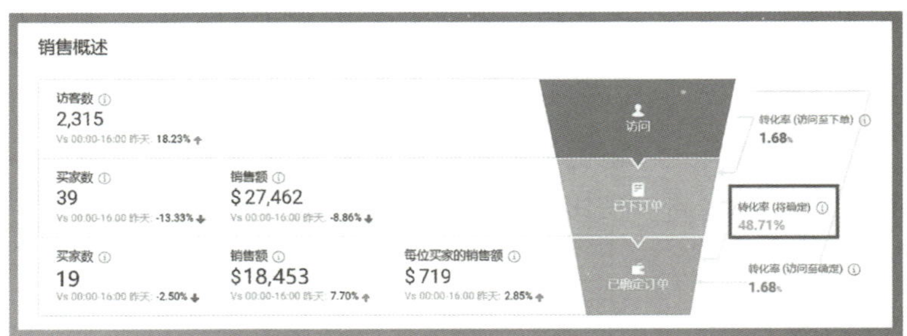

这种情况一般是买家忘记付款或商品价格偏高的原因。卖家可通过“聊聊”与买家沟通，提醒买家及时付款，如买家是由于价格问题犹豫不决，卖家可适当让利，主动给予相关优惠，如赠送小额优惠券，让买家坚定购买决心。

“商品诊断”直击核心

“销售漏斗”帮助卖家从店铺整体角度分析转化，但精细化运营时代，卖家还得拥有必不可少的“商品诊断”，帮助你一对一分析问题商品，采取优化措施。

卖家可登录“卖家中心”，选择“我的数据”——“商品”——“商品诊断”——“日期和维度”后，即可查看表现异常的商品名单及指标值。卖家点击商品名称可进入商品前台页面查看，点击商品右侧“编辑”按钮可直接进入商品编辑界面进行优化。

1. 积极面对差评

买家发现整个店铺评分较低，便会极大降低购买欲。卖家可将店铺评分细化到商品评分，商品遭差评时，需要积极沟通让买家“回心转意”修改评价。

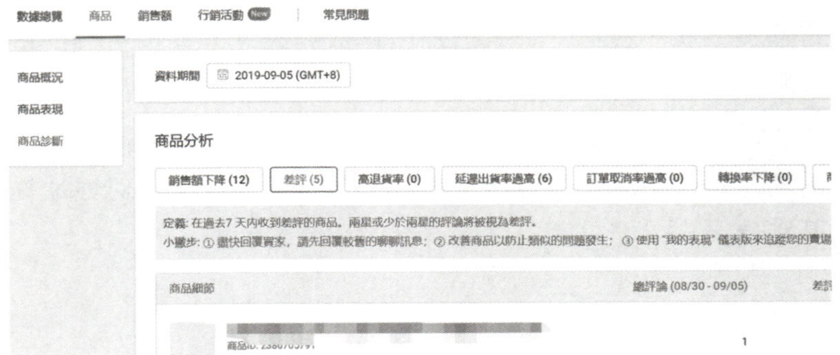

卖家需要主动了解差评的原因，是商品质量问题、店铺服务问题还是其他问题，并在买家提出问题后针对性解决。同时，卖家可通过优惠券、赠送礼品等形式来安抚买家情绪。最终，通过积极的沟通与耐心的安抚让买家更改评价。

2. 优化低转化率商品

店铺的转化率可进一步细分为每个商品的转化率。低转化率的商品会拉低整体店铺的表现。

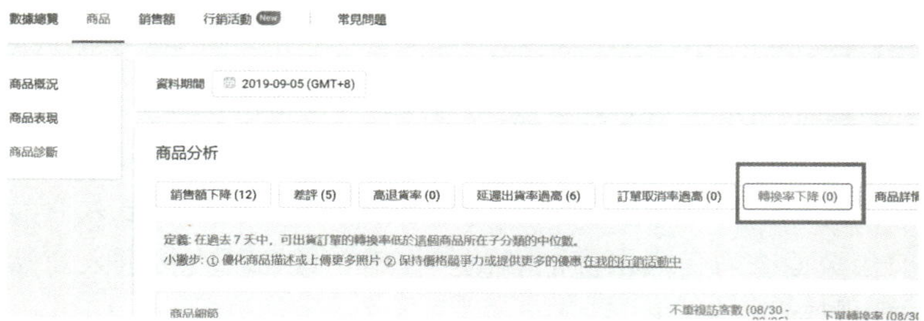

针对低转化率商品，如果是访客数和转化率双低，卖家可考虑下架该商品。如果商品访客数高，但转化率低，说明选品没问题，可从完善商品描述、优化商品图片、提供有竞争力价格、维护店铺与商品评价四方面进一步提升。

除了“销售漏斗”和“商品诊断”两大法宝外，卖家还可通过“我的数据”查看店铺整体数据表现，如销售额、访客数和转化率等；查看特定商品数据表现，如页面浏览数和销售额等；查看商品排名和诊断，了解表现优异或需要提升的商品。从宏观和微观两个角度来分析店铺，有针对性地提升销量。

如何利用粉丝营销

做 Shopee 非常关键的操作——粉丝营销。

Shopee 是推荐加搜索的流量机制，你有粉丝，你发布了新产品，粉丝就能看到，就可能促成转化。

那么Shopee的粉丝究竟是怎么来的，新店应该如何获取粉丝，粉丝日常应该如何维护呢?

1.Shopee 的粉丝机制

当我们在刷抖音的时候，刷到一个视频很感兴趣，点开视频作者的主页，发现他的很多视频都符合我们的口味，那么我们的就会关注这个作者。

关注后，当这个作者发布新视频时，我们就会在关注一栏收到提醒，便能够及时看到他们的视频。

Shopee也是这样的机制，当你的产品被打上标签，并且推送给了有相同标签的人群后，这个人群里有人对你的产品感兴趣，点击你的店铺看其他的产品，感觉产品都符合他的需求，也是他喜欢的风格，那么他就很有可能关注你，成为你的粉丝。

2. 新店如何获取粉丝

在Shopee，积累自己的粉丝是一件非常重要的事情。如果你是一家比较大的店铺，粉丝会有自然的增长。那么如果你是一家新店，怎么增加自己的粉丝呢?

办法其实很简单，就是主动出击。我们主动去找同行店铺，找到之后，主动关注他们的粉丝。只要你坚持关注，他们的粉丝也会主动回粉。

另外一个方法就是用加粉软件，通过简单的设置，软件会主动帮你点粉，跟手工操作类似，好处就是节约时间，还可以帮你筛选卖家。

除了手动加粉、软件加粉，还有一个加粉的方法，就是持续上新。只要你按照自己的风格持续上新商品，就会得到 Shopee 的持续推荐，平台也会自然给你带来粉丝，我们要求的是前三个月保持每天上新 20 个产品，这样做效果最好。

3. 如何对粉丝进行日常维护

当你的店铺积累到一定粉丝后，就需要把这些粉丝合理利用起来，定期策划店内的活动，定期上新。

定期策划店内的主题活动，目的是促进新老客户的购买与复购。比如参加官方的“满 299 元免运费”“年货节”“双十一”和“双十二”等活动，这都是官方免费为我们提供的活动，成交后官方可以获得 5% 的佣金。

另外，如果你没有参加官方活动，也可以在店内设置自己的活动。比如设置“满 399 元包邮”活动，设置优惠券抵扣活动等。当然，设置这些活动时，一定要注意计算运费，计算利润，不要亏损做活动。

Shopee 还会推荐一些付费的活动给我们，我建议中小卖家不参加这些付费活动。因为付费活动的投产比低，甚至是负数。

另外还要每天坚持上新 20 个产品，重点指的是前三个月。因为按照我们的方法操作，前三个月基本店铺就能很稳定地出单，后面只需要做简单的维护就可以。

前三个月一定要上新和自己店铺定位、风格相符的产品，不能简单地上新，而是要配合“免运费”活动和优惠券来使用。

不管是自己的活动，还是官方的活动，一定要把活动海报放到店铺首页，这是非常重要的展示渠道，可以给你增加很多的活动曝光量。

这些都是我们在实际操作中总结的技巧，新手能够按照基本操作方法把店铺该优化的优化好就很不错，店铺业绩也会上升。

做店铺的过程中，还可以创造适合自己的一些营销玩法，只要能提高店铺转化，提升销量，不违反平台规则的都可以。

Shopee 的直播卖货

不管是淘宝直播，还是抖音、快手直播都已经融入了我们的生活，时时刻刻都可以看到。

在 Shopee 上，是不是也可以通过直播卖货呢？之前是不可以的，不过现在 Shopee 已经针对卖家开通了直播渠道。

1. 什么是 Shopee 直播

Shopee 直播是 Shopee 在手机端推出的引流手段，在 Shopee 首页拥有专属入口，通过在线互动和实物展示，短时间聚集大量潜在顾客，提升转化率和销量。

2. 直播有什么好处

通过在 Shopee 上直播，短时间聚集大量人群，能增加与粉丝们的互动，提高粉丝黏性，有效提升曝光量，还有机会获得更多销量。

还可以对产品进行讲解示范，在线答疑，制造独特的营销场景。

在做直播的同时，第一时间了解市场喜好，打通场景互动和售卖行为，边看边买提升用户体验。

3. 如何开通直播

中国台湾地区站点的卖家可以自行填写问卷申请开通直播，问卷链接如下：https://wj.qq.com/s2/5233471/a657

打开这份问卷调查表后，填写以下信息：是不是要参加 Shopee 直播；你的 Shopee ID 是多少；你的店铺名字是什么；你在 Shopee 直播上有什么优势。

为了提升自己的通过率，在填写 Shopee 直播优势的时候，可以写得详细一些。比如，做过国内的电商直播、做过抖音直播等，这样会让你博取到客户经理的好感，能够及时给你审核通过。

如果你是其他站点的卖家，想要开通直播功能，唯一的渠道就是联系你的审核经理，审核经理会协助你申请开通。

4. 如何开始直播

下载 Shopee 的手机客户端，安装好后，登录自己的账号，然后点击我的——购买中——直播就可以设置自己的直播界面了。

Shopee 的直播界面设置和国内电商直播界面设置没有太大的差别。

5.Shopee 直播的效果

这也是我们最关心的问题。因为如果效果不好，我们就没必要折腾这么长时间开通直播功能了。

先给大家看几个业内直播卖家的出货数据。

（女装行业直播成交数据）

（美妆行业直播成交数据）

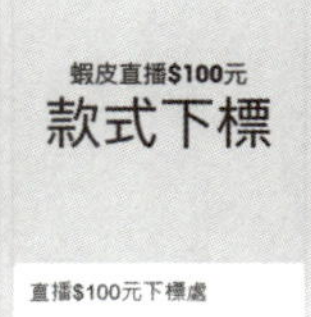

（母婴行业直播成交数据）

通过这几组简单的数据可以看出，直播卖货的销量比搜索推荐卖货的销量要高很多，基本是十几倍的差距。

当然，有些卖家可能觉得直播的产品都是1元，比其他不直播的卖家产品便宜，所以销量高也正常。

这么想是片面的，因为直播卖的也是同样的东西，售卖价格是一样的。1元链接仅仅是为了方便客户下单，并不是产品卖1元。一般客户会选择对应的产品去下单，只有产品买的多的时候才会用这样的设置。

因为Shopee数据系统不是很完善，我们看不到整个行业的统计数据，只能通过简单的推算，Shopee直播的卖货能力是很强的。

如果你的产品比较适合直播，你也比较善于在镜头前表现，那么你一定要开通Shopee直播，毕竟这个免费的直播可以给你带来订单量的上涨。

实战篇

95 后女生从淘宝转型 Shopee，两个月做到月销上万元，利润 50%

卖家简介

汤佳佳，95 后女生，浙江温州人。她从 2019 年 7 月开始做 Shopee，2019 年 9 月已经做到月销过万元，利润 50%。

个人经历

我大学刚毕业的时候做过设计，也自己兼职开过淘宝店。后来回老家工作，陆续应聘过淘宝运营、美工等工作。我个人对电商比较感兴趣，但无奈一直没什么机会深入接触。

机缘巧合，我通过朋友介绍认识了蒋晖老师，正好看到 Shopee 新课程。了解到 Shopee 是新兴电商平台，处在起步阶段。东南亚人口基数大，年轻人多，经济发展速度较快，潜力很大。我特别想试试，就报名了。

做了之后我发现相比淘宝，Shope 的竞争真的小很多。再加上我做的是客制产品，比较小众，一时间我觉得我很幸运。市场、品类都选对了，就更增加了我的自信心。

店铺经营状况

我目前经营一家 Shopee 中国台湾地区站点店，做的是客制产品类目，比较小众。因为家里做这个行业已经 20 多年了，我从小耳濡目染，多多少少也懂一些。

客制产品绝大多数是自己做货源，现在很多人也会交给淘宝外包，我的货都是自己打包的。我一般会在早上安排昨天下的单，下午做货，5 点打包发货。在此期间，Shopee 有人来咨询，我都会回复，每天大概工作到晚上 11 点。偶尔忙不过来，父母也会来帮忙。

2019 年 7 月开始，9 月销售额突破了 2 万元人民币，2019 年 10 月更是翻倍突破了 4 万元人民币。

我感到非常开心！我的成本比较低，利润率达到 50%。我比不上厉害的大卖家，但进步得还是挺多的。

庆幸选择了 Shopee

我的产品是定制产品，比较特殊。因此我一开始也做不到像常规类目那样选好基数，不断上新。我上新的速度特别慢，数量也没多少。

因此我很庆幸选择了 Shopee，选对了市场，选对了自己熟悉的产品。而且竞争更小，增加了曝光率，比淘宝好做，我只要维护好客户就好了。

从顾客需求方面考虑选品

我在选品方面，有部分上新的产品是从顾客那里获得的灵感。比如有时候我和顾客聊天，了解到顾客还有别的需求，我就会选款上新。所以我就把他们的需求都更新在我的店铺，这样一来，我和这些顾客的黏度就会变高。他们一想起需要定制什么东西，就会第一时间来我的店铺询问我，所以我店铺的老顾客很多。

我的产品都是定制的，于是我把发货时间全部都调整成15 天，因此我完全不用担心出货时间不够。大家也要结合自己的实际情况调整发货时间，千万不要勉强，一定要保证自己能够按时出货，避免扣分。

我最近感觉店铺可能要到瓶颈期了，因为我的产品市场就这么大，后期增长的速度可能会很慢。我也看过别的站点，不是每个站点都适合做这个类目，这也是个弊端。我开了马来西亚站点，但是一直没有打理过，这也是接下来我要好好计划的事情。

| 王里老师点评 |

这位卖家能够根据客户的需求进行特别定制，满足了客户需要的个性化服务，不得不说她很好地抓住了这部分小众的目标客户。别人可能都是跟随大众，什么热度高就卖什么，而她则用心思考市场的需求，找准定位，从而找到突破口，这样的思考力值得我们学习。

单人单店铺精细化运营，不到 4 个月成为优选卖家且月入过万元

卖家简介：

赵亮，江苏人，一位心思缜密，非常注重店铺细节操作的卖家。他一个人运营一家 Shopee 店，用了不到 4 个月时间，就成功被选上了 Shopee 的优选卖家，而且利润月入过万元！

个人经历

我最早做外贸阿里巴巴国际站，每天上传产品，铺大量关键词让国外买家看到，以此慢慢带来询盘。每天像个机器一样，所以我并不喜欢这份工作。

后来我自己开了阿里诚信通，一边上班一边学习国内站的操作技巧，找了义乌的供应商做体重秤。我做的时间比较早，当时阿里巴巴上卖这种秤的不超过 5 家。再加上我懂行，所以不到两个月就做起来了，利润也比较可观。

之后陆续有一些人进来抢市场，导致我的利润不断减少。再后来，供应商也开始做阿里诚信通，他们不仅打压我，还要投诉我，于是我就不继续做了。

由此可见，找到一个好的供应商非常重要，尤其是做阿里巴巴走量的批发生意。唯一的好处就是回头客比较多，只要把他们都维护好，他们基本每个月都会来买。

最早了解 Shopee 是通过蒋晖，跟着蒋晖从富网店开始一直追到现在的猫课。因为我之前做外贸，对国内电商不太感兴趣，报名的课程也没怎么学，浪费了。

直到 2019 年 3 月份，看到猫课推出的 Shopee 课程，我非常感兴趣，第一时间就报名了。

店铺经营状况

目前我拥有一家 Shopee 中国台湾地区站的店铺，自己一个人全职在做。由于我在义乌，对商贸城和这边的情况都非常熟悉，因此我选择了家居类的产品。

我的店铺定位主要以家庭主妇、宝妈为主，年龄在 35 ~ 50 岁之间。选择的货品也是围绕这个人群来选的。产品以餐具、家庭日用品居多。

我是在阿里巴巴采购的货源。因为大多数东西易碎易破，交给代打包的我也不放心。如果产品在运输过程中损坏了，送到客人手里，售后也会很麻烦。索性我就自己打包，自己送仓，反正离得也近。

我每天差不多要花费 10 个小时在店铺里，早上一般处理订单和打包，下午统一发货，晚上上传产品。保证每天上传 20 个自己精心做图的新品，持续上新，不能间断。

关于粉丝，我暂时没有认真做。因为每天要做的事情太多，之后我会继续关注做粉丝。

我从 2019 年 3 月开始做 Shopee，大概第 3 个月的时候，店铺基本每天有 10 多单，一天销售额大概有 7000 ~ 8000 元，高的时候甚至到 1 万多元。

2019 年 6 月，我被经理拉到一个 QQ 群里做 Shopee 优选店观察。期间我正常运营店铺，结果被选中，成了优选卖家。

成为优选卖家后，店铺的流量变得更多，访客、咨询和下单的人也越来越多。从一开始做 Shopee 到成为优选卖家，我用了不到 4 个月时间，这期间还停了小半个月在学习，现在我的店利润突破 1 万元。

勤奋是打开成功之门的钥匙

一开始我只把课程听了一遍后就实操了，导致走了很多弯路。

前期做 Shopee 为了凑数，每天大批量地上传几百个产品，结果发现效果并不好。然后停了下来，把课程又重新认认真真地看了好几遍，总结自己犯的错误，再去实操。

我把重点主要放在图片优化和找供应商等细节。同时每天坚持上传 20 个产品，雷打不动，效果才慢慢好起来。

货比三家，多用心选品总没错

前期选品阶段，我上传了不少家的产品。这时候我发现有一些供应商的发货率和产品品质都不错，我就把他们家的产品都传上去，节省了很多采购成本，提高了效率。

另外，如果可以在热卖的类目找到好卖的产品，以批发价或者更低的价格来拉流量，提升销量的效果也不错。

在阿里巴巴选择供应商代发货的时候，我一般优选发货率在 10% 以上的，这样可以有效地保证时效。我曾经吃过亏，有的供应商有单号但没有物流信息，就会导致延时出货。所以，我一般当天订完货，晚上就跟踪采购的产品有没有快递物流信息，如果没有，第二天立马换一家。

获得好评的小技巧

给大家分享一个获得好评的小技巧。我每次在包装的时候都会随单赠送客户一个小礼品，有时也会送多个。这些小礼品其实很便宜，但客户们收到货都会很惊喜，多数客户会给有字的好评。

这个方法在国内电商已经用烂了，但是用在中国台湾地区我发现确实不错。所以我的评价一直都很好。

还有一招，有时买家会买很多产品，我故意少发一个小东西，他收到货后就会找我问怎么少了一个产品。这时候我就会拿出一个好态度，主动道歉并承担责任，告诉对方会赔给他，运费我出，让他重新拍个链接把运费免了。这时候他一般会顺便再买一些其他的产品，其实我也一样赚了钱。我试着这样做了几次，都成功了。

不过这招有点厚黑，万一弄巧成拙就不好了，因此不建议大家学我这样做。

因为 Shopee 是蓝海，基本上按照课程教的方法来做，出单就比较容易，还不用靠各种技巧来比拼。

前期太聪明的人不一定能做好，做到最后会发现，掌握好方法，每天执行固定的任务和操作很重要。贵在坚持，慢慢就会甩开一大部分的人。

我的中国台湾地区优选店目前每天出单比较稳定，后面我打算继续多复制几个店，以单类目多店铺的形式去做。

| 王里老师点评 |

这位卖家能够意识到课程的重要性，反复认真学习课程，这一点非常值得大家学习。我们的课程不断更新的意义在于总结归纳大家在操作过程中遇到的问题，给出解决办法并且及时反馈给大家。

还有他在实操 Shopee 过程中方方面面对细节的把控，比如对自己每天时间安排的规划、产品优化、客户好评和对供应商的选择等，这些一点一滴细碎的工作，他都能做到面面俱到。我想这就是他能成为优选卖家的原因，把细节做到了极致。

Shopee 小白如何做到月出 200 单

卖家简介

宋勇斌，27 岁，湖北武汉人。他认真学习 Shopee 的课程，按照课程操作，不到一个半月就做到了月出 200 单的成绩。

个人经历

我看到猫课推出了 Shopee 的课程，就去试听了。然后自己也查了很多资料，觉得这确实是一个机会，投资不大，又不用押金、保证金，于是决定报名试试。

我是在 2019 年 7 月报名 Shopee，听过所有课程后，我觉得挺有信心能够把这件事情做好。

王里老师说的一句话让我觉得印象特别深刻，我特别赞同："想躺赚的别报名，Shopee 是一个能够做长久的项目。虽然前期维护辛苦点，但是后面效果会越来越好。"

店铺经营状况

目前我一个人在运营中国台湾地区站点和马来西亚站点两家店铺，中国台湾地区站点做的是家居类目，马来西亚站点做的是美妆类目。

我做了大约一个半月，前半个月基本处于不断上传产品状态，效果并不明显，没有什么单量。后面才开始慢慢出单，总共出了200多单，利润没有仔细算，估算在20% ~ 30%之间。

中国台湾地区站点目前每天大约有 8 单，2019 年 9 月正好有“双九”大促，单量涨得很多。大促之前，店铺每天都有 10 多单。2019 年 9 月 9 日当晚店铺销售额直接破万元，出了 45 单。

我的货源基本是从阿里巴巴上找的，出单后一件代发到货代手中，货代再帮我送到仓库。后来我的订单量增加，就出现一个问题，货代经常发错货。发错货之后不仅导致了售后增加，而且店铺还容易出现亏损。为了解决这一问题，我搬到了义乌，自己打包、发货。

我现在的状态就是感觉时间不够用，每天忙到凌晨 2 点，打算自己再摸索总结一段时间，然后再开几家店，招人做。

做 Shopee 一定要有耐心，沉住气。

前期上货阶段可能每天就几个访客，我们很容易丢失信心，但这个阶段我们要更加细心地上新产品。我会每天固定上传 20 个产品，不传完不睡觉，严格地自律操作。我会调好闹钟，定时置顶新品，4 个小时响一次。

认真优化每一件要上架的产品。

把它们都当做爆款来认真对待，不好看的图片坚决不要；主图一定要是繁体字（针对中国台湾地区站点），卖点写 1 ~ 2 个就可以了；店铺的活动要体现出来，比如满多少免运费；图片要体现出产品功能，比如复杂产品的用法一定要搭配文字解释；从产品材质来判断质量的好坏；每个产品的尺寸要标明，这样可以很好地判断是否超材。还有一点比较重要，就是要把每个要上的产品都当做最后一次上新。

关于选品，我认为选品要紧跟季节和潮流供应商的新品。积极上新就会有很好的效果，供应商的风向标我们要牢牢抓住，他们是真金白银用钱做爆款的，他们的调研比我们更加精细。

做好售后工作

我会尽量把售后问题处理好，让顾客满意，价格低的产品都是免费送给他们的，然后再答应他们下次买的时候，多送一点礼物或者多送一个同款产品。顾客会感到很开心，这样一来反而我赚得更多。

我非常注重售后，哪怕一单亏一点，只要顾客再来下单就不怕。多用小礼物诱导他们下单，或者送一些看着很好看且实用的便宜产品。

我处理过的售后，差不多有 8 成顾客会选择回购。因此，不要太计较一单的得失。有时候也会出现不赚钱甚至亏一点的情况，但是前期我就怕没销量，店铺有了评价和销量就好做很多。

困难

让我感到比较头疼的事就是有时候供应商爆单了，发货会慢很多，要天天催。还有就是货代发错货也让我觉得很头疼。解决的办法就是我现在搬到仓库附近，每天自己打包自己发，别人做事我也不太放心，自己就多辛苦点。

做 Shopee 最大的体会就是累并快乐着。我愿意为了过上自己想要的生活去奔跑，燃烧自己。Shopee 真的是一个只要你付出努力就能有收获的平台，大家一起加油吧！

王里老师点评

这个卖家仅用短短一个半月的时间就做出这样的成绩，很不错。定闹钟、上新产品，想尽一切办法给顾客解决售后问题，甚至直接搬到 Shopee 仓库附近办公。从这些做法，可以看出卖家的自律性和执行力都非常强，所以他出单越来越好是有理由的。

22 岁男生转型做 Shopee，日出 10 多单，月利润过万元

卖家简介

陈星宇，1998 年生，江苏泰州人。他一个人做一家店，持续操作 4 个月，做到日出 10 多单，月利润过万元的好成绩。

个人经历

我在大学期间就开始做淘宝，当时大三了就想自己赚点钱。于是我一直上网搜索怎么赚钱，无意间看到蒋晖发的电商信息，我越看越觉得很专业、很厉害，于是就加了蒋晖的微信。看了他给我发的《从零开始做淘宝》电子书后，我感觉自己找到了方向。然后我就买了淘宝的课程开始做淘宝，在这过程中我也赚了些钱。但毕竟淘宝竞争太大，做得很累。

后来我又看到蒋晖在朋友圈发了关于 Shopee 的消息，我很心动，加了王里老师咨询。我发现 Shopee 的确是一个蓝海平台，市场大，竞争小，相当于 10 年前的淘宝。

我结合了自身情况思考了两天，最终决定做 Shopee，毕竟这是一个新的机会。机会是要自己去抓住的，不去争取就永远不知道这是不是一条正确的路，就这样我踏上了 Shopee 的路。

店铺经营状况

目前我一个人全职做了一家 Shopee 店，三个站点：中国台湾地区站点、马来西亚站点和印度尼西亚站点，选的都是包包类目。

关于货源，我选择了一件代发，货代。中国台湾地区站点和印度尼西亚站点发的深圳仓，马来西亚站点发的上海仓。后面店铺做大了，可能会找一些工厂合作，目前还是从小开始慢慢做。

关于时间，我会提前计划分配好时间。我基本早上起来先下单，用表格记录，看看市场。吃完午饭后就开始选品，我比较喜欢边选产品边上新，大概到下午四点，我会去健身房锻炼一小时，回来后就继续上新。

从 2019 年 7 月开始做了差不多四个月，我感觉我更加懂得了 Shopee 市场如何去做。虽然我还不是高手，但也是初出茅庐了。目前中国台湾地区站点一天稳定 10 多单，前段时间大促持续了好多天 20 多单。我的店铺现在月利润能达到 1 万元了，之后我也会继续努力做好印度尼西亚和马来西亚站点。

我是一个人做 Shopee 的，也没人帮我忙。以前我一天上新 50 个产品，当时只有一个站点，现在我会细分时间，比如中国台湾地区站点上新 10 多个产品，马来西亚站点上新 10 多个产品，印度尼西亚站点上新 10 多个产品。如果大家有时间，还是要按照王里老师的建议，保证每天上新 20 个以上的产品。

另外，我这里也要提醒大家，注意睡眠和休息。身体是革命的本钱，不要过度劳累。我一开始就是因为每天都工作到凌晨 2 ~ 3 点，生病了。一个人做 Shopee 确实挺辛苦，但保重身体更重要。

风格

我店里消费的顾客大部分都是 20 岁左右的女性，在每个站点，她们喜欢的风格不太一样。我做之前都会去这个站点前台看看整体市场，再思考自己做什么风格更有吸引力。

另外，粉丝关注其实很重要，我会设置关注礼来增加粉丝的回关率。我先观察研究对手怎么设置的，然后根据自己的利润来做调整。

选品

我喜欢选品，每次找产品都会很兴奋。我会把每个产品都看成一个爆款来选，比如包包类目是讲究款式、内里和大小的，基本上只要在 Shopee 前台卖过的，我很少会选，除非我有更低的价格。

我喜欢选别人没有选过的款式，但是风格会比较接近。我觉得现在 Shopee 已经慢慢接近国内的电商平台了。另外，需要测款的产品，我自己上新完后，会开广告检测一下这个产品到底如何。

缺点

我其实在很多方面做得不够好，比如上新，其他卖家一天上新至少 20 个产品，我才上新 10 多个，甚至有时候我一天只上几个。也有很多琐粹的事，比如供应商有时候会少发东西，有时候填了其他单号也不及时通知我等等。做任何事情都会遇到困难，怎么样想办法解决才是我们需要思考的。

我之前一直专心做中国台湾地区市场，Shopee 经理还给我打过电话交谈，跟我说中国台湾地区的市场其实很小，建议我做印度尼西亚、泰国的市场。

目前中国台湾地区站点已经是优选店铺。如果想做比中国台湾地区站点更好的店铺，我之后准备把精力分散，主攻印度尼西亚市场。我会复制我现在的方法去做，往后精力不够，我也会请人协助。

王里老师点评

这位卖家的执行力非常强，胆大心细又能吃苦，肯拼搏。他的很多想法和思路确实是做 Shopee 需要思考到的。

问题是只有你开始做起来才会发现。想，全是问题；做，才能成功。不断摸索，不断学习，不断试错，才能找到属于自己正确的道路。

从拼多多转型到 Shopee，仅用两个月就做到日出 10 单

卖家简介

小 Y，25 岁，温州人。虽然年纪比较小，但他的选品能力非常突出，执行力也很强，Shopee 新店仅用两个月时间就能做到日出 10 单。

个人经历

早在 2016 年，我就已经加了蒋晖老师的微信，开始关注蒋晖老师。当时他关于淘宝的经验和见解非常触动我，也是从那时候开始，我走上了电商的道路。

我买了猫课的淘宝课程，跟着老师一步步做起了淘宝。后来拼多多突然兴起，我迅速抓住了这个风口，转战拼多多。用之前从课程上学到的淘宝思维做了拼多多，效果也挺好的。我做的是 3C 产品，淘宝和拼多多一个月利润有 1 ~ 2 万元。

后来，我从他那里了解到 Shopee。通过这几年的积累，我个人对他非常信任，不管是做淘宝还是拼多多，我都从他那里学到了很多。再加上我对跨境电商一直比较感兴趣，所以我就报名了 Shopee 课。

这几年做电商，我一直是一个人单打独斗，常常一个人坐在电脑旁边就是一天。现在做 Shopee 的同时，淘宝和拼多

多也没丢，现在想的是通过 Shopee 扩展。一个人精力有限，也想找几个人分担一下。

店铺经营状况

我的店是 2019 年 5 月底申请下来的，一开始上传了 50 款产品就搁置了。因为一个人忙不过来，然后 6 月底才找了表弟帮我上传产品，这才算得上正式开始做 Shopee。

由于我还有别的平台事情要做，因此采集产品就交由表弟完成。店铺每天固定上新 20 ~ 30 款，我主要负责对产品的整体优惠和采购进行把控。

我只有一家店铺，开了两个站点，分别是马来西亚站点和中国台湾地区站点。已经提交申请第二个店铺了，做的也是家居类目。我自己有一部分货源，其他货源都是从阿里巴巴找的，交给货代打包发仓库。

我的店铺一天能稳定出 7 ~ 10 单，没有细算能赚多少钱，销售额在 2019 年 8 月已经超过 4 万元。现在生意好了，感觉一个人真的忙不过来，已经招了一个新人，后面计划再多开店多招人，抓住 Shopee 这个风口。

心态

我刚开始上新产品后出不了单，心里感觉很慌。特别是有时候在王里老师的朋友圈看到有学员出单好迅速，三四天就出单了，但是自己老是不出单，这时候心里不着急是不可能的。

越是这个时候越要保持心态平稳，坚持下去，尽管慢一点，还是会有好的成绩。我自己就是属于出单比较慢的，上新了 200 多款产品才出单。

选品

我的选品思路是以海选为主，就是先上新热销词中符合我店铺的产品。然后哪些产品出单了，就找出与它相关、搭配的产品，一起上架。

对于频繁出单的产品，我还会深入优化，从主图、详情描述等，和同行进行对比，从折扣、发货速度和评价去竞争。我有一款引流款，2019 年 8 月到现在大概卖了 500 ~ 600 条，就是海选出来然后重点优化。

客户和物流

有些客户对高客单价的产品存在犹豫，迟迟不下单。遇到这样的情况，我会赠送优惠券或者小礼品来刺激他们下单。

对提交了订单但没有付款的客户，我会主动跟客户沟通，给客户留言，或者发优惠券让客户尽快付款。

物流还是时常出现问题，需要和货代多沟通，采集的时候备注一定要仔细。我现在和货代一天沟通的时间比和父母还多，因为他们的库存都是晚上处理的，很多时候到了晚上 10 点，还给我打电话。

重点强调

（1）上传产品的细节一定要把握好，尤其是产品的重量、尺寸，还有普货、特货也要注意。我刚开始传的时候没注意，后面运营的时候吃了很多这方面的亏。

（2）采款的时候注意筛选，避免采购到不是现货的预售款，影响发货时间。

（3）把控店铺评分，不要太低。评分是综合客服的回复率、订单的出库率、售后的处理能力以及产品的评价等多方面进行的考核。店铺的评分太低，会增加客户的跳失率。

办法总是比困难多，我有很多不明白的地方，有疑虑的地方也是主动问老师，然后老师都会耐心给我解答。而且，Shopee 功能越来越完善了，后台版面也能看到更多的数据了，多多使用，多多分析，多多总结，就会给你带来意想不到的惊喜。

王里老师点评

这个卖家虽然接触 Shopee 的时间比较短，但他分享的这些经验却很具体。可能与他之前做过淘宝和拼多多有关，几年积累的经验比较多，从心态到选品到客户再到物流，包括新手易犯的错误都有特意指出，整篇实战分享非常实用。

23 岁小伙做 Shopee 仅一个月就月销过万元

卖家简介

小 F，23 岁，杭州人。他有头脑有魄力，大学时期就开始创业。2016 年到现在，做过淘宝和京东无货源，也做过很多跨境平台，目前正式运营 Shopee 店，短短一个月时间就做到了日出几十单，月销过万元。

个人经历

我从大学就开始创业，最早在 2016 年开始接触跨境电商，也是从那时认识了蒋晖，不过仅限于“潜水”在蒋晖的微信圈窥屏。

2017 年，我开始加入淘宝，报名了猫课淘宝无货源和京东无货源课程，这些课程给了我很多启发。

现在做的平台有 VOVA、Shopee、速卖通，这些平台都是跨境平台。

我觉得速卖通竞争越来越激烈，而 VOVA 平台利润太低，在谋求新发展的时候就看到了 Shopee。我从 2019 年 5 月开始报名学习 Shopee 课程，刚开始做 Shopee 的时候走了很多弯路，从 2019 年 7 月开始找准方向。看了 Shopee 的更新课程后更加有感觉了，生意也开始好一点。

店铺经营状况

我目前拥有 4 家 Shopee 店，3 家中国台湾地区站点，1 家马来西亚站点，做母婴、女装为主，人群定位主要偏年轻化的女性。

我自己有一部分货源，另外也在阿里巴巴找货源，两方面结合。我们自己打包货，然后发到义乌仓。采购跟单必须要勤奋，全程密切关注订单的物流情况。

人手方面，我这边是两个人，我主要负责订单处理以及偶尔视察店铺各种问题。另外一个人负责剩下的工作，比如每天上新、回复顾客的问题等。我每天保证上新至少 20 款新品到店铺。

目前我的 Shopee 店一天有近 20 单，但是有时候选品失误，导致生意时好时坏。2019 年 7 月，一天大概有 10000 ~ 20000 元销售额，赚了几千元利润，我并不是太满意。不过最近开始生意越来越好了，可能也跟我的选品越来越有感觉有关系。

实战经验其实都在 Shopee 课程里，我个人觉得课程已经讲得很细很明白，只要对每个老师讲的细节都做到位就肯定能做起来。老师连店铺产品的结构规格表格都给我们了，其余的真的就是执行力问题。

我的店铺从 2019 年 5 月就审批通过了，但是因为我这个人比较懒散，没去仔细打理，导致申请的一家 Shopee 废掉了，浪费了一个营业执照。所以才下定决心从 2019 年 7 月正式用心做 Shopee。大家千万不要学我，决定做就要认真对待，不要三天打鱼两天晒网。

我之前接触过很多跨境电商平台，但那些平台的消费者基本是在欧美地区。一下子转换做东南亚及中国台湾地区市场，一时半会儿还不是特别适应。

前期重新花了时间和精力调研东南亚及中国台湾地区市场的需求，然后真正静下心来思考，基本把这些工作都做完，就适应了。

不过这也有个好处，因为我在别的平台已经上新过很多产品。现在做 Shopee，前期产品基数方面，我可以有选择性地把之前其他平台能用得上的搬到 Shopee，更省时省力。

我的长远发展计划还是想团队化把规模扩大起来。

王里老师点评

这个卖家虽然之前因为懒散而失败过，但后来他能够吸取教训，按照课程做，熟练流程，掌握基本操作，快速上架执行。结果也做得不错，同样的内容有的人认真执行就有效果，有的人看都不愿意好好看，更不去执行，最后出来的效果自然就知道了。

我们在学习和执行的过程中，一定要学会思考和调整，懂得变通。就像这个卖家，虽然他做过不少跨境平台，但大多数偏欧美风，只符合欧美人的审美标准。转到 Shopee 之后他会思考东南亚及中国台湾地区市场更倾向于什么样的风格，这才是正确的做法。

Shopee 新店仅用一个月就月销 80 单，利润率 30%

卖家简介

卢晨，28 岁，黑龙江哈尔滨人。从国内各电商平台到亚马逊，再到 Shopee，他都有过实操的经验。目前运营 Shopee，短短一个月的时间，就做到了单店月销 80 单，利润率 30% 的好成绩。

个人经历

我大学学的是网络相关的专业，2014 年毕业后去了一家网络公司工作。也是从那时起开始接触电商，做的是户外体育用品，天猫、淘宝和京东平台都做过。

2018 年，我离职进了现在的公司。也是在这家公司开始接触跨境电商，跟着公司学做亚马逊。后来因为公司业务要外拓，让我负责新项目，我就选择了 Shopee。

知道猫课开了 Shopee 课程后，我立马报名了。

店铺经营状况

我是在公司上班的，工作内容就是帮助公司运营 Shopee 店。公司一共注册了 3 家店，做的都是中国台湾地区站点，分别是家具、母婴、玩具三个大类目。目前运营了一个多月，单店月单量大概有 80 单，利润基本在 20% ~ 30%。

每家店铺每天保证上新 20 款产品。然后盯着后台聊聊，回答客户问题。货源找的是阿里巴巴一件代发，店铺粉丝这方面之前一直没管，之后打算重点运营。

接下来是要保证现有出单量，先做出一个优选店。因为家居店目前已经达到了优选店的标准，各项要求都符合，也已经联系 Shopee 经理，在申请中。然后计划自己再开两家店，加上公司的 3 家店，5 家店铺一起运营。

我做的时间比较短，还不是自己的店，不过在帮助公司运营店铺的这段时间，我学习到了很多东西。之后自己开店，会更容易上手。我也很感谢公司给予我这个机会，也感谢猫课，让我少走了很多弯路，在 Shopee 这条路成长这么快。

多学习

现在 Shopee 课程仍然在不断更新，每次更新我都会去看，能更好地把课程里面的细节运用到店铺实操运营中，多研究 Shopee 课程，发挥课程最大的价值。

产品布局

我个人感觉家居产品目前在 Shopee 的购买量挺大。我基本上每天都会看热卖，每周都会看周报。我做的家居类目，产品布局基本上是按照产品功能分类、上架。比如按照客厅、厨房、卧室和卫生间分类，什么产品适合在什么房间使用，我就分类上传。这样做，产品种类一眼看上去就比较清晰，买家在寻找的时候也比较好找。

勤上新

一定要每天保证上新品的频率，我每天都会保证每家店铺上新20个产品。周末，我会提前准备好产品设置定时上传。我建议大家分时段上传产品，不要一次性上传，我一般在早上10点，下午2点，傍晚6点来分别上传。

平时多看平台上同类目的大卖家，看他们是怎么做的。对比一下，多吸取他们的优点。如果有时间，优化关键字和主图，保证图片精美好看，能够吸引到顾客。

设置优惠

一定要设置折扣和多件优惠，这样能增加曝光量，更能吸引顾客下单。官方站内开展活动有符合条件的一定要报名，就算没有订单，也会有一部分流量进来。

选品一定要选自己熟悉的类目。尽量不要超材，我最初做的时候就是因为超材让顾客改来改去，导致单子流失。

有很多细节，只有你自己做起来，你才会知道。

我店里有一款架子卖得特别好，天天都出单，因为误打误撞开了100元的直通车。原本只想试一下，没想到一下子就出了3单。我隐约感觉这个产品可以做，慢慢地流量上来了，这个架子出的单也越来越多了。

其实这个产品刚开始上架的时候就遇到了问题。我这个架子大概4kg，当时我也不懂，还把店配都打开了。后来发现根本发不了货，因为超材了，只能做宅配，目前也算稳定下来。

王里老师点评

虽然这个学员做 Shopee 只做了一个月，但是他却能够取得单店月销 80 单的好成绩，非常不错。这个学员对于选品思路的理解和细节优化的总结都非常到位。同时他在学习、摸索过程中的经验，还有提到需要注意的地方，对我们新手卖家来说，非常有借鉴意义。

4 个月，一个人，3 家 Shopee 店，月入过万元

卖家简介

Allen，28 岁，广州人。他是一个从来没接触过电商的小白，但他兼职做 Shopee 4 个月，开了 3 家 Shopee 店，月入过万元。

个人经历

接触 Shopee 前，我是在公司做物流方面工作的，没有接触过国内的电商，自己更没有电商运营的经验。我觉得国内的电商流量成本很高，竞争也特别大，所以没有在国内运营过电商。

偶然听朋友说国外的平台相对竞争小，流量成本也低，于是了解了 Shopee 这个平台。得知它是一个新兴平台，潜力和势头都很好。

因为我做物流，电商在这里也刚刚起步，我就觉得这是一个机会，所以想试试。我从 2018 年开始了解、追踪过 Shopee，真正开始做是 2019 年。同年 7 月底，我报名了猫课的 Shopee 课程，申请了店铺。

店铺经营状况

我目前一个人兼职开了 3 家中国台湾地区店铺，卖的都

是手机配件以及周边相关产品。产品是自己的货源，都是自己打包、发货，发深圳仓库。

我本身还有本职工作，每天只有在空闲的时间做 Shopee。我一般在每天早上处理订单，下午打单发货。每天上新 10 ~ 20 个产品，上新时间是晚上 8 点到 10 点，因为这个时间段是中国台湾地区店最活跃的时候。同时，运营粉丝也是在这个时间段做，每天加粉 100 ~ 300 个之间，日复一日，每天如此。

Shopee 现在这个阶段，我觉得不需要太多的技巧，关键是执行力，执行力好，订单不会少。天道酬勤，这是我最深刻的感受。

我的第一家老店铺每月能有 50 单左右，目前一个月有 1 万多元的销售额。由于我是兼职的，有的店铺兼顾不过来，目前主力做好老店，有空余时间再把精力放在新店上。等这几家店铺营业额等各方面都再稳定一些，我就建立团队来做，毕竟团队做会走得更好更远。

（老店）

经验分享

我对我店铺的人群定位是中国台湾地区年轻的学生，尤其对动漫、明星和卡通有特别爱好的这一类人群。因为中国台湾地区深受日本和韩国文化潮流影响，特别是年轻一代更喜欢日韩动漫文化，日常生活中都会有所涉及。我一开始也想做服装，但我对服装不太了解，所以最终还是做了自己熟悉的产品。

我觉得自己做得比较好的是选品。我认为选品选得好不好决定了店铺业绩做得好不好。我的类目很热门，我对自己的店铺想要吸引的那部分人相对比较了解，对他们的喜好抓得够准够深，所以我一开始做得会相对顺利。我记得我的第一家店上架 2 天不到 80 个产品就出单了，后面第二家，第三家店一开始也是这样，选品选好了，出单就很迅速。

不过到后面能否持续出单就要看运营方面的工作有没有做好，我自己之前没有电商的经验，是真正的小白，所以我非常感谢王里老师，我从她那里学到了很多运营的方法。我学习课程的主要目的是学会处理店铺中的一些细节，因为这确实是我的弱项。

比如我请教了老师和助教，我店铺的流量不稳定，没有爆款的问题。他们就指导我具体做法：我应该从产品引流、标题、主图这几个方面去考虑。

我把流量比较高的产品，重新优化了主图、标题和详情页，接下来几天效果就出来了。有个产品的浏览数变得特别高，达到了 900 多，一天出了 23 个订单，有点小爆品的感觉，利润高达 50%。从之前的铺货到现在的精细化运营，是我做

Shopee 最大的变化。

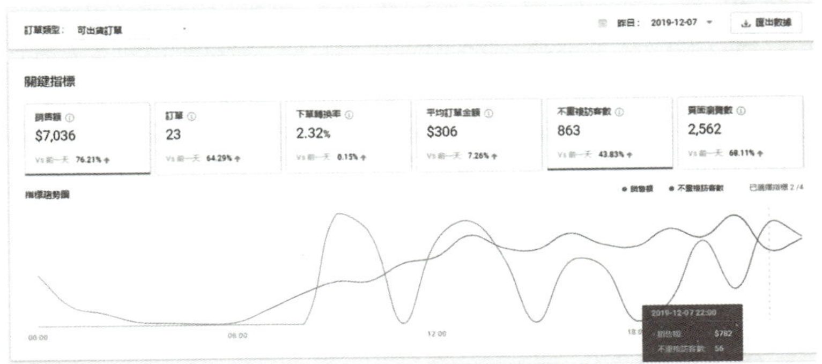

虽然我现在有一点小成绩，但我知道还有很多方面有欠缺。比如运营，我对标题、关键字等搜索流量的运用还是掌握得不够。还有，我一直是一个人兼职，经营 1 家店铺还能应付得过来，现在 3 家店铺一起做，明显感觉精力和时间都不够用，我得赶紧找人手来帮忙！

王里老师点评

这个卖家之前没接触过电商，但他最让人佩服的是他的执行力。一个人在短短 4 个月的时间开了 3 家店，还只是兼职，另外还有自己的本职工作。

我们的课程只是把操作的方法和细节详细地演示给大家看，更多的是大家自己愿意去努力执行。每天即使加班加点也要努力把事情做完，有了这份决心，你所获得到的成果一定远超旁人。

从 0 开始做 Shopee，短短两个月开了十几家店并成功组建了团队

卖家简介

樊建峰，河南洛阳人。从单人做 Shopee 到成功组建 2 个团队，他经历了很多，思考了很多，总结出了很多独特的经验。

个人经历

2014 年，我开始第一次创业。当时我看别的地方团购生意做得很好，我家乡县城里还没有人做，我就想把团购在我们当地做起来。但无奈美团入驻得太快了，我们时间不够，没有把市场抢先占领下来，赔了 20 多万元，这次创业算是一个失败的教训。

在那之后我开始接触淘宝，做的是我们当地的土特产。运气比较好，那时候正好赶上阿里巴巴在农村发展淘宝。然后我就抓住这个机会，发展村淘，因为村淘一般都是大批量采购，所以我在农村淘宝这一块做得挺不错，有几个产品在村淘里面是排名第一、第二的。

我做了一段时间农村淘宝后，发现越来越难做，利润越来越低。

2017 年，我跟朋友合伙成立了宠物公司，注册了品牌，

想专心做宠物产品。投资了不少，还购买了设备，准备自己生产，但是生产许可证没办下来，就开始考虑其他的出路。

2018 年，我看到蒋晖的微信朋友圈说 2019 年或许是东南亚电商的一个机会。看到猫课推出 Shopee 的课程，我就想好好了解，所以 2019 年 5 月我报名了 Shopee 课程，开始一边学课程一边实操。

店铺经营状况

我在老家开了一家 Shopee 店铺，独自运营，做了一段时间觉得不错。通过我在深圳的朋友得知 Shopee 在那边挺火的，招商会一场接一场，很多人都在关注 Shopee，而且他们现在也从亚马逊转战到了 Shopee。

我觉得这是个机会，当时决定要组团去做，带了我在深圳的两个朋友去义乌。我们在义乌建了仓库，做了一段时间，觉得很好。

我们在义乌的时候还拜访过王里老师，请教过她团队管理、店铺运营等方面的问题和方法，让我受益匪浅，我也非常感谢她。

跟王里老师见过面后，更加坚定了我想做大团队的决心。我觉得在义乌组建团队的成本比较高，我就让我的两个朋友留在义乌继续做，我选择回老家组建团队。

目前，义乌团队有 6 个人，店铺有 8 家。我这边的新团队才刚开始，招了 6 个人，店铺已经有 3 家，接下来还会陆续开新店。关于店铺类目，我们做了好几套垂直类目，比如户外类、家具类、宠物类和母婴类等。

我认为户外类目产品是最容易出单的，家具也还行。宠物类目是我最近在老家新开的类目，我想把宠物店着重培养成精品店铺，最终目标是想把它变成 Shopee 的 TOP 店铺。

我计划组建一个 50 ～ 100 人的团队来做 Shopee。

虽然我接触 Shopee 的时间不是很长，但我学到的和思考的东西还挺多。我就团队管理、人群定位、产品优化和货源采购这四个方面分享我的经验。

团队管理

之前我问过王里老师，他们那个团队是怎么管理的，她说他们是一组 7 个人负责 35 家店，各有各的分工。

我结合了自己的实际情况，首先我这边刚开始开不了 7 个站点，一开始只能做中国台湾地区站。所以我先给他们每人开一家中国台湾地区站点，让他们自己做 1 个月，筛选出店铺业绩做得比较好、综合素质也比较高的员工来培养，让他们组建小团队。

相当于前期就是发展团队的组建和运营，裂变一个又一个小团队。我觉得这样做更符合我现在的实际情况，在组建团队速度方面也会快一些。

因为现在我们主要做的是中国台湾地区站点，对别的站点也不太熟悉，所以之后我会先自己重点研究别的站点，等我自己研究透彻了，然后再交给小团队复制。

人群定位

我现在每做一家店铺前，都会考虑我究竟想要什么样的人群来我的店铺消费。其实我觉得产品类目不是特别重要，主要是人群。比如母婴店，这个店铺面向的绝大部分人群是宝妈，我们就围绕着宝妈这个群体的需求来选择合适的产品上架。

母婴店不仅仅局限于母婴产品，凡是跟宝妈这个群体需求相关的产品，都可以上架。发散性思维来想，可以上的产品还是很多的，只是以母婴的产品为主而已。

产品优化

组建团队后，我发现美工特别重要。之前我一个人做的时候，自己做美工，每天在修图、优化卖点等方面花费很多时间。现在组建团队有了美工，一方面修图特别快，节省很多时间，上产品的速度加快了很多；另外一方面，产品卖点的细节优化做得更好了，这点其实特别重要，因为这跟店铺访客量和成交量息息相关。

拿母婴店举例，这家店是周一开通的。我就先让新员工运营，他们也不熟悉，上新产品上得很随意，一直没访客，也没出单。周六的时候我给他们培训，让他们做优化，主要是卖点和 SKU 的优化，结果当天就出单了。周日，访客直接翻了一倍，直接出了 6 单。所以我觉得做 Shopee 都用不着打广告，只要把那些细节做好，出单还是比较容易的。

货源采购

关于货源采购，因为我在义乌有团队，所以重点挑选义乌当地的货源。我现在也在做货代，帮别人发货。之前有一个客户一天能发 10 ~ 20 单，然后突然不做了，他说是因为他的货采购得太分散了，东一家西一家，到最后采集的时候弄得很麻烦，采购的成本也高。

我就吸取他的教训，对于引流款，不管到哪家采购，尽量在义乌当地。利润款和暴利款，就在 2 ~ 3 家供货商那里，把他们的货全部都上架，或者做挑选，有的实在不行，就不上架。

我觉得这样的供应链更有优势。比如出单了，可能以后有很多的产品都是这一两家的，采购的时候就会有一些优势，减小囤货的压力。

王里老师点评

这个学员的思考能力和执行能力确实很强，别人能想到的，他能做到；别人想不到的，他也能想到并且做到。缜密的逻辑思维是他的一大亮点，这可能是我们大多数人没有的。

做 Shopee 想要日出更多的单，其实没什么秘籍，就是做好基础的工作。就像这个学员所说的，坚持上新、优化主图和突出卖点。把基础工作做好，单量慢慢就会上去。如果基础工作不做好，即使你是刷单、刷好评、让利和上活动，也可能竹篮打水一场空。

精细化运营 Shopee，如何做到日出 40 单，月销十几万元

卖家简介

徐洪红，做过设计工作室、天猫运营和外贸，开过淘宝店和京东店。2019 年 5 月，她开了一家 Shopee 中国台湾地区站点，现总出单量近 4800 单，目前维持每天 40 单，月销售额达十几万元人民币。

个人经历

我在 2009 年到广州上大学，大一的时候认识了一个做淘宝店铺装修的师兄，在他手下做了一年的客服。在此期间，我学会了客服、美工和运营等基础电商知识，当时就萌生了将来自己开店创业的想法。

我在大三开了一个设计工作室，租在大学附近的民宅办公，业务内容是帮淘宝店主设计装修和去水印，每个月能赚 1000 ~ 2000 元。但是这行对设计能力要求比较高，还要会编程，写代码，我觉得我的能力跟不上行业的发展，所以临近毕业的时候，我就把工作室关了，出去找工作。

毕业后，我的第一份工作是在一家新成立的灯饰公司做天猫运营，老板之前做房地产，财大气粗，他很放心地把店铺交给我运营打理，我还帮他从另一家公司挖了我读广州美术学院的朋友来做设计师。那时候老板交给我的重点产品，

在我和我的设计搭档的配合下，双剑合璧，几乎能做到天猫商城搜索排名前三位。短短不到一年时间，从一家新店，做到月销售额过百万元的大店。

在公司做了1年多，因为待遇不理想，就辞职自己做。我租了一间八楼的房子，开了家淘宝店，在附近批发市场拿小文具来卖。一开始我是自己一个人做，每天搬搬抬抬一整箱货上八楼，累得受不了。后来渐渐累积了一点存款，才有钱搬去离批发市场更近的房子。

创业期间，我还被骗过钱，被别人忽悠去做外贸，投了3万元，竹篮打水一场空，什么也没做成，还被工厂忽悠买了8万元的库存货，结果这批货卖了3年才卖完。本以为自己懂运营就会创业了，结果并没有那么容易，创业的头几年，没赚到钱，反倒亏了30万元。

后来结识了蒋晖，加入了狮友会，也报名了猫课的很多课程，比如淘宝课、京东无货源课和管理课等。再后来，通过猫课了解Shopee，看了几节试看的课程就找王里老师报名了，就这样做起了Shopee。

店铺经营状况

我们团队一共有5个人，目前开了一家天猫店、一家京东店和一家Shopee中国台湾地区站点。这几个平台都做同类产品：书包和小玩具等文具、玩具类目。有自己的货源，大部分都是自己打包发货，小部分一件代发，也基本是发来我这里二次打包再发去深圳仓。因为客户每次都买很多东西，货代不方便帮忙打包，因此基本是自己打包发出。

做 Shopee，我就只做选品和运营，白天上架和运营，晚上有空就选品，打包和客服则由其他同事做。

我从 2019 年 5 月开始做 Shopee，总出单量近 4800 单，维持每天出 40 单左右。因为精力有限，Shopee 迟早要交出去给别人做，交出去之前，自己得懂，所以我从小白开始跟着老师学，到现在自认为做得还算可以，年后打算招人慢慢接手。

经验分享

不断学习才能不断进步。电商行业变化太快，你不学习就会被别人甩在后面。我现在仍然在每天坚持学习，我报名了猫课很多课程，我觉得我需要，我就一定会去学。我的建议是一定要把时间花费在自己擅长的事情上，像我之前就尝试了很多自己不擅长的项目，到头来做的只是无用功，浪费时间，浪费精力，还亏钱。把擅长的事情做到极致，你就已经赢了。

在选品方面，以前我自己的选品是不对的，那时候工厂出什么我就卖什么，根本没有精挑细选，而且很容易冲动，一买就买一堆货，结果这些货都变成了库存。后来我选品不再盲从，不是工厂推什么我就卖什么。我学会看同行，看市场热度，比如暑假、开学季和圣诞节这些节点什么产品会好卖，我就提前做好准备。多看多选，慢慢锻炼，自己的眼光和选品能力就会越来越好。选品选好了，店铺出单自然就顺利了！

我自认为我的运营能力还不错，一方面是自己多年积累的经验，另一方面是我特别擅长做主图，因为我是设计专业毕业的，对图片要求比较高，美工做的每一张图都要经过我的审核才可以用。所以我的产品图片，基本比同行做得好。

我觉得我最大的优势就是货源，因为我之前做过阿里巴巴批发，积累了很多工厂的资源，基本上我的进货成本都比同行在阿里巴巴上买便宜不少。

最大的问题就是时间和精力不够用，每天不止做 Shopee 的运营，还得顾国内的店铺，如果只专注投入 Shopee，我肯定能做得更好。

以后我打算招人来做，但也不能多招，先招 1 个。我也担心招到的人学会就跑了，所以这么多年都是自己一个人做运营，结果一直小打小闹做不大。但这是之前的想法，最近我看了蒋晖的“从 0 到 100 人的管理”课程，也去了杭州和其他做 Shopee 的同学探讨学习关于管理和运营方面的心得经验，感觉自己总要迈开放权的一步。

王里老师点评

这个卖家只开了一家 Shopee 店，就做到如此优秀，真的是把一家店铺精细化运营到了极致。这个世界没有无缘无故的强大，也没有无缘无故的成功。也许，你不知道什么时候自己才能成功。当你对一件事情怀着热爱，做到极致，就有机会从茫茫人海中脱颖而出。

如何做到两个月开 4 家 Shopee 店，月入 9000+

卖家简介

丁小美，25 岁，江西人。从始至终一个人操作 Shopee，两个月时间，开了 4 家店铺，日总出单量 10 ～ 20 单左右，单月利润超过 9000 元。

个人经历

我目前一个人全职经营 4 家 Shopee 店铺。

在接触 Shopee 之前，我在一家公司做亚马逊运营。因为会德语，所以做的是亚马逊德国站，类目是汽配和家具。在公司待了 4 个月，店铺也运营得挺好，但终归是公司店铺，我不想一直给别人打工。

公司也有开 Shopee，我听运营 Shopee 的同事说这个平台还不成熟，是个蓝海市场，发展潜力很大。而且我从同事那里还知道了猫课，看到猫课上有 Shopee 的课程，就直接报名购买了。

虽然我运营过亚马逊的店铺，对跨境电商也有一定的了解，但我知道，平台不一样，规则也不一样，重新系统地学习很有必要。这会使我节省很多时间，少走很多弯路。

店铺经营状况

我做 Shopee 两个月，目前运营 4 家店铺，1 家马来西亚站点，3 家中国台湾地区站点。每天订单加起来有 10 ~ 20 单。

马来西亚站做的是女装类目，搭配女鞋、女生配饰卖，不过马来西亚站不怎么出单，出单的也是非常便宜的产品，我觉得跟那边生活水平和物价等有关系。那边的物质水平确实低，所以贵的东西很难卖。

主要出单是中国台湾地区站点，中国台湾地区站点其中有一家是卖家居的，其他两个都是女装、女鞋和配饰搭配着卖。客单价大部分是 490 ~ 1500 台币，也有 2000 多台币的，所以我觉得做中国台湾地区站点还不错。而且在中国台湾地区站点卖的产品，我选品的时候会挑质量好的，不会太便宜。

由于我是一个人全职管理 4 家店铺，时间上还要合理分配好。我每天上午处理聊聊和订单，晚上会准备好每家店铺要上新的东西，第二天就直接选品上架，一般每家店铺每天上新 20 个产品。

我选的是深圳仓和义乌仓，用的是货代，不用自己打包，省很多时间。2019 年 5 月开新店，当月利润大概有 4000 元，6 月利润有 9000 多元。

我之后的计划是再多开一些店铺，尝试做印度尼西亚站。

我最先接触的是马来西亚站，刚刚开始不懂，价格设置偏高，客户收到产品只给 3 星评分，店铺评分立刻降到 4.5 分。

在学习了课程以后，我才发现是因为我店铺的价格整体都非常高，然后我就把马来西亚站的价格整体调低了。产品利润按照课程说的，有梯度地加价，情况就有所好转。

优点

我觉得我的优点在于选品，记得有几次上新，刚上线了几分钟就出单了。因为我是女孩子，我就会根据自己的喜好来思考大部分女生喜好什么，然后来选择上什么产品，同时按照课程做垂直类目，选的是女装大类，然后还会搭配女鞋、发饰等配件。就这样，等一家店稳定了，再继续开另一家店。

缺点

之前，我所有的店铺不管货源在哪里我都发了深圳仓，这样非常糟糕，因为完全没有办法保证物流到达仓库的时间，我的店铺曾因为延迟发货而被扣分。所以我就联系了 Shopee 的老师帮我换仓。选货源的时候也会看地点，选择临近的 Shopee 仓库。比如发深圳仓的店铺，货源就选广东附近，江浙沪的货源就选义乌仓，这样就可以做到及时出货。

采集产品的时候不要选没有销量的产品，因为会断货。特别是像我们这种无货源的，一定要及时查看自己的订单是不是真的出库了。有的卖家会虚假发货，一定要特别注意，我在淘宝、1688 上碰到几次虚假发货，没有货的要及时去别家下单，及时出库到货代打包发货。

及时查看自己的货物在 Shopee 物流的运输状况，有时候有的商品物流会显示没有动静，这时候要及时联系对应仓库的物流客服。

还要记得时不时地查看店铺后台，催促买家及时取货。

王里老师点评

这个卖家虽然才做了短短两个月，但已经做得很不错。做 Shopee，同样的方法和视频课程，我们都是一样地教给大家，有的人做得很好，有的人做得差。关键在于你的学习能力和执行能力，你有没有认真学，有没有坚持做，这很重要。

还有就是思考能力。光埋头学，埋头苦干也不行，要不断思考，思考这个方法我有没有实施到位，我的优点在哪里，我能不能把它扩大，我的不足之处有哪些，我怎么做才能弥补这些不足。只有这样，你才能不断提高，变得更强。这个卖家把这些点都做得不错，所以她才能取得好成绩。

从淘宝、拼多多转型 Shopee，两个月做到月销过万元

卖家简介

鑫宝，24 岁，温州人。一个从淘宝、拼多多等国内电商平台转型到 Shopee 跨境电商的学员，尝试做 Shopee 短短两个多月，就做到了月销过万元的好成绩。

个人经历

早在 2013 年，我就开始做淘宝了，当时做的是玩具类目，想着兼职赚零花钱。后来大学毕业，大概 2017 年，拼多多火了起来，于是我就做起拼多多，这期间我是一个人操作。

淘宝的利润一直还可以，拼多多 2017 年和 2018 年也还不错，但是2019 年，我感觉很难。一方面是因为过了爆发时期，另一方面是因为国内做电商的人越来越多，竞争越来越激烈。

我就想试试跨境电商，因为我的微博有关注蒋晖老师。2019 年 3 月，我看到他写了关于 Shopee 平台的微博，我特别感兴趣，就联系了蒋晖老师报名 Shopee 课程。

毕竟做了国内电商这么久，我不想放弃。就找了另外 3 个合伙人一起同步做淘宝、拼多多和 Shopee。我主要做 Shopee。

店铺经营状况

我申请了 2 家店铺，选择的都是中国台湾地区站点，家具类目。一开始没经验，什么都不懂，就一边熟悉课程，一边完成助教布置的作业。然后每天上传新产品，我们 4 个人每天轮流上新，保证一天一家店铺上传 30 个新品，所以时间也比较充裕。

实操的过程中，我也走了很多弯路，犯过很多错误。所以前一个月也没赚到多少。在充分了解了 Shopee 的规则后，加上有了第一个月的经验，第二个月做就顺手多了，出单量也变多了。

两家店平均每天出 20 ~ 30 单，利润也不错，单月已经销售过万元了。

我觉得家具在中国台湾地区市场还行，但是在东南亚市场就卖不了了。毕竟产品价值太低，运费太贵。

做中国台湾地区站点的两家店铺整体还算顺利，之前遇到过最大的问题就是店铺风格定位、采集和运费。

店铺风格定位

一开始上新产品的时候根本没考虑店铺风格，只是一股脑地瞎上。有的产品类目还上错了，比如牙刷本来只要选择家居就可以了，结果选到了口腔护理。这类目属于药，就是特货，应该选择家居里的类目，就是普货。还有一些东西选择了其他类目，很多在其他类目的货都是特货。

后来，我认真看了课程，才明白了好的垂直类目加风格定位对于一家店铺的重要性。有风格的店铺，客户更愿意购买并且一次买很多件。

所以，我花了很长的时间学习，期间我还寻找了很多跟我们相同类目的其他店铺，看别人做得好的店铺到底是怎么设计的。自己也换位思考，如果自己是买家的身份，想要在什么样的店铺买东西。事实证明，做了这一系列的工作后，我慢慢找到了适合自己店铺的风格，出单量也变得越来越好。

采集

我们做的模式其实是有货源结合无货源，其中我们自己的货源占一小部分，另外绝大部分都是在阿里巴巴采购。因为我们在义乌，所以就自己打包，然后仓库物流来拉货。

但在采集过程中我们也踩过坑。有一次，我们上新的阿里巴巴产品出单了，然后我们去采集的时候才发现那个产品要100件起批，而且价格也不是特别便宜，当时就觉得很崩溃。

之后再上产品时，我会特别注意采集的起批量。另外，大家还要注意采集的地域选项和销量选项。我们自己在义乌，所以不需要货代帮我们打包。

但是如果需要货代，就要看采集产品的发货地是不是离你的货代地点比较近，要优先选择距离近的采集发货地。还有就是所采集的产品必须有销售，有评价，销售高的优先采集，最大程度确保现货，节省运输时间。

运费

家具类目有些产品本来体积、重量就大，稍微没算准确，运费就差太多了。比如我之前上新的浴室置物架，体积没算好，导致运费亏损。而且 Shopee 有个特色是需要卖家藏部分运费在销售价格里，这么做的原因是为了显得前台的运费很便宜。

因为实际运费比较贵，若全部显示出来，会降低客户的购买欲望，影响转化率（想一下我们国内都默认包邮了）。所以做 Shopee，必须学会藏价。

我发现优惠券能大大地增强买家购买欲。所以我就在店铺首页增加了很多价格梯级的运费优惠券，比如“满 399 元运费 30 元”“满 599 元运费 25 元”等。然后在很多买家把商品添加至购物车里的时候，及时告诉买家有优惠券，提高消费者购买欲望的同时又把真实运费隐藏了起来，一举两得。前提是你预先精密计算过，避免亏损。

王里老师点评

这个学员虽然做 Shopee 的时间不长，但是学习力和执行力都很强，能够认真听课，学习正确的运营思路和方法，并坚持不懈地执行下去，所以仅用两个多月就做到现在不错的成绩。任何大卖家都是从基础小卖家一点点地做起来，只有把基础打好，才能成长得更快！

小白如何仅用 3 个月时间做到日销 2 万元

卖家简介

刘帅，22 岁，广东人。第一个月只有 30 个产品数但能稳定出单，第二个月便出现爆款，第三个月开启店群。他利用先发优势、性价比优势和差异化优势，尝试高客单价，细化选品流程和方法，成功做到了 Shopee 小白日销 2 万元的好成绩。

个人经历

我 2019 年大学本科刚毕业，大学学的是化工专业，之前也没做过电商，是完完全全的小白。本以为会和大多数大学毕业生一样，毕业之后找个公司实习工作，每天朝九晚五地生活。却偶然看到身边的朋友在做 Shopee，而且做得还不错，我很感兴趣。

后来通过他了解到 Shopee 这个平台，觉得 Shopee 前景非常好。我跟他说我也想尝试做 Shopee，然后他就给我强烈推荐了猫课。就这样，我报名了猫课的 Shopee 课程。

我之前完全没有接触过跨境电商，也没有接触过 Shopee，这个全面详细的课程真的帮助了我很多。从开店前的准备到开店的流程到产品选择再到店铺运营等细节性的步骤，让我对这个平台一点点地熟悉起来。

就这样，在 Shopee 上，我开始了跨境电商之旅。

第一个月：30 个产品数也能稳定出单

我刚开始做了两个星期只上新了 38 个产品，我当时的想法就是我要做精品店铺，于是没铺货。但是助教告诉我即使做精品店还是要铺货，我没听，即使是这样，我的店铺还是出单了，一天也能出 2 ~ 3 单。

持续了一段时间，我尝试铺货。我们是两个人的小团队，当时我们把 Shopee 近三个月的周报全部统计出来，然后提炼跟我们相关的产品关键词，再上新、优化。就这样，仅用了一个月时间，我们上新到了 600 个产品数，这时候店铺日出单达到了 8 ~ 10 单。

第二个月：爆款之路

对比大卖家，这不算爆款。但是对我们这些小卖家来说，勉强算得上是一个爆款。

我们是怎么发现的呢？是因为突然发现有几天，很多人来问我们同一个产品的信息。接着，我们发现这个产品的浏览量飙升了，随着流量的飙升，单量也慢慢上去了。后来，我们这个产品就被排到了关键词的首页。

我们就针对这个产品，还有其他别人问得比较多的产品做优化，比如主图和标题。我们还会上传产品视频，做关键词竞价。一轮操作后，效果显而易见。第二个月，我们的两家店铺已经较为稳定，从刚开始的日出 10 多单，到后面一家店日出 20 多单。

第三个月：店群开启

我们很相信王里老师的课程，所以就开始做店群。我们现在有 15 家店铺，差不多达到了日销 2 万元。

在这个过程中，我们也有很多新的尝试。我很羡慕之前在群里看到其他学员晒高单价单子，为什么我们只卖 100 多新台币，别人却就能卖到几千甚至上万新台币？

羡慕归羡慕，后面我也着手去做了，事实上我自己也能做到。像老师说的那样，做 Shopee 其实并不难，但是它细节琐碎的点很多，要把每个点都踩准、踩对，就有一定的难度，学习的重点也正是这些点。

王里老师点评

这个卖家刚刚大学毕业，初入生意场。虽然目前的成绩并不是特别优秀，但他一直在努力坚持做好基础工作．只有做好了看似基础的小事，才能逐步成长起来。从 0 到 1 最难，一旦突破，从 1 到 10 到 100 就会容易得多。

如何做到 Shopee 新店日均 50 单，利润率 40%

卖家简介

Ayron，26 岁，广东人。Shopee 新店日均 50 单，利润率 40%。

个人经历

在做 Shopee 之前，我做过淘宝和拼多多。因为国内流量成本越来越高，而且规则一直变化，就觉得越来越难做了。后来，我一直关注跨境电商，发现 Shopee 和 Lazada 这两个平台。两者相比，Shopee 肯定略胜一筹，Shopee 是东南亚电商唯一一个还在持续增长的平台，客户黏着力也在不断增加。

2018 年，Shopee 商城的下载量已经达到了 2 亿，预计在 2025 年，年交易额达到 880 亿美金。对于我们中小卖家来说，这无疑是个大机会。所以我选择了 Shopee，目前 Shopee 对于新手入驻还是很友好的，前三个月免佣金，我想利用 Shopee 切入跨境电商。

店铺经营状况

我从 2019 年 6 月开始报名猫课的 Shopee 课程学习，然后实操 Shopee，目前开了 4 家店铺，2 个中国台湾地区站点，2 个马来西亚站点。我主要做马来西亚站点，以女装和文具为主。

女装类目：我避开了年轻的群体，因为竞争太大。

店铺风格：由于目前有太多偏年轻的产品竞争，所以我定位的是偏中老年风格。

选品：我尽量搭配好再上传到店铺，并且会做关联营销，尽量让客户多件购买。

货源：我自己有部分货源，另一部分则在阿里巴巴采集。

发货：我找了一个靠谱的货代帮我发货，发的是深圳仓。

现阶段，新店日均有 50 单左右，利润率在 30% ~ 40% 之间。我目前刚组建了一个 3 人团队，每天花在 Shopee 的时间大概 8 个小时。我主要负责选品，会花比较多的时间，上新和采购都由团队的其他两个人做。我们每天保证上新 20 个新品，之后准备多拓展店铺和其他类目。

我做 Shopee 一开始是单打独斗，中间走过不少弯路，也有一些心得体会。

前期店铺规划很重要

我认为店铺规划就是一次策划，让自己提前知道自己的目标和步骤。所以，店铺还没有审批下来的时候，我建议多看几遍课程，可以收获你意想不到的惊喜。

选品是运营的重中之重

七分选品，三分运营，所以选择很重要。选品有一个最简单的路子，就是追踪成熟卖家的店铺，他们的选品都有选品团队在支持，选品人员多，有工具，有数据的积累，对于市场的把握也比我们新卖家和小卖家要好很多。

如果能够找到这样的店铺是非常有价值的，新上架商品积累了他们的选品智慧，可以给我们带来帮助。我是数据化选品和多平台选品相结合，数据化选品我会结合王里老师的“市场容量分析”课程里所讲的内容，最后再借助数据软件来看最近的热销品，再找供应。

店铺选好品后，综合考虑有多少现有竞争对手，对此类产品的后续加入者大致有一定了解。对发展好的同行，记下其店铺的优势，可以认真分析、学习。同时，多参加活动很有必要，这也是店铺刚起步，突破瓶颈比较有效的途径。

客户维护

我偶尔给客户赠送一些小礼品，他们就会和我交流很多有用的信息。另外，我也借鉴之前师兄的方法，有的订单是一单多件的，因为供应商不一样，有些比较晚到货，我会给客户先发到货的。客户发现还差一件就会来找，我再用优惠券让客户多买些东西，然后一起寄出。

物流方面

我之前也是代发，所以有些热销品，我会设置成预售，然后一次采购，一次寄出，有效节省物流费用。比如客户在我店铺下单一件衣服，单价物流肯定很贵，我就再等几天，攒几单，几十件一起采购，一起寄出，这样就只出了一次运费。

遇到的问题

主要是分工和供应商。分工方面，我已经找了几个志同道合的朋友一起做，准备多开几家店铺。供应商目前我还在优化，就是把之前的供应商换成现有的供应商，基本都是往热销品上统一。

目前我们还在拓店，以后准备做到 200 家店铺。要不断精进，不断优化，人员配备上也在不断完善。

王里老师点评

这个卖家的分享比较全面。比如选品思路，他尝试过追踪成熟卖家的店铺选品，数据化选品以及多平台选品。还有客户和物流方面的小技巧以及自己存在的问题，这些他都有特意指出，大家可以结合实际情况学习和借鉴。

新手做 Shopee，配合免费活动，首月做到日销 100 多单

卖家简介

诗意寒（化名），1995 年出生，广东人。2019 年 9 月报名开店，配合免费活动，首月做到日销 100 多单。

个人经历

我在大学毕业后，做过半年时间的运营助理，在那家公司我学到了很多，主管很用心培养我做运营，我心里也很感激他。

后来我跳槽去了另一家公司做天猫与京东的运营，在这一年的工作中，我不断反思问自己：到底要成为什么样的人？应该如何起步？我一边规划自己的人生路线，一边工作。

2019 年年初，我辞职和几个大学同学合伙创业，开了实体店，配合电商一起做。但因为私人原因，合伙关系破裂，我索性就一个人出来尝试做跨境电商。

说到跨境电商，我觉得完全是机缘巧合。起因是我有一天看到蒋晖突然发了“Shopee 是跨境电商新风口”的朋友圈，我的第一直觉就是要做起来，便果断找王里老师买了课程。

其实有时候明明是机会，很多人就是不敢冒风险，选择观望，看见个个都赚钱了才来问“做这个合不合适”。天下

哪有“躺赢”的路，创业者是凭借嗅觉发现机会，普通人是看见机会还在犹豫能不能做。

店铺经营状况

我花了两天时间把所有课程看完，2019 年 9 月份把店铺开了起来，按照课程操作，刚开始上架几十个产品就出单了，使我信心倍增。我也有很多不懂的地方，就经常问助教，助教也很有责任心，一直积极帮助我解答问题。

目前，我和堂哥一起经营了一家包包店和一家 3C 店，都是广州货源代发，发到深圳。单月营业额在 2~3 万元，但因为是新店，利润并不高，后期打算增开店铺并扩展团队规模做店群。

我做 Shopee 的时间比较短，所以只能简单分享一下我自己到底是怎么运营的，希望可以给新手卖家一点小帮助。

首先，开店卖东西，选品占了很重要的地位。我决定做这个类目产品前，第一步，我会分析同行卖的都是什么样的产品，找出同行的基本卖点，然后自己做差异化；第二步，看同行基本价格段，分析客户消费心理，控价处理。分析完再去阿里巴巴或者淘宝找产品，争取找到性价比最高的产品。另外，产品图片也会自己用 Photoshop 设计主图、套图等。

产品标题

我一般会复制同行销量最好的五个宝贝标题和直通车关键词，然后进行标题组合对比，做出新的标题。做标题要注意不要自己瞎想标题，因为中国台湾地区客户有些关键词叫法比较特别。比如，中国台湾地区把“鼠标”叫做“滑鼠”，我们要根据当地群众的习惯做调整。

上架时间

我选择上架时间只有少部分在晚上 7 ~ 9 点，我个人更倾向于放在晚上 10 点到凌晨 3 点上架。因为我发现大部分的订单都发生在晚上 11 点以后，中国台湾地区晚上 7 ~ 9 点是人流量高峰期，投广告较多，所以新品一般很难获得曝光。而且中国台湾地区朋友的作息时间很奇怪，总喜欢凌晨 1 ~ 2 点来询单。

多报活动

没活动的时候，我的店铺每天大概有 4 ~ 5 单。报活动后一天竟然出了 100 多单，这还是因为我的计算失误，不然订单量应该在 300 单左右。因为没设置限购，加上库存就只设了 300 件，2 小时内就卖空了。后面几个小时的活动就断货了，访客一直涨到 5000 多，而且第二天看数据加购有 1000 多。经过这一次活动，我也吸取了经验，下次再搞活动我会准备得更充分。跨境电商这几年正是很好的风口，我觉得可以当成事业去做。

王里老师点评

这个学员非常认真，课程中提到的很多细节性的地方，他都能注意到，并且执行到位。从选品到标题到上架时间再到活动，面面俱到，给许多新手卖家提供了很多实用的建议和经验。

东南亚的电商市场红利足够多，所以现在卖家成长起来，还是相对容易的。无论是跨境新手、国内卖家转型，还是跨境卖家新的业务增长，都适合且值得尝试。